실용 간체자를 한자와 함께 익힐수 있는

中国语 간체자 쓰기

편 집 부 엮음

매일출판

머리말

　중국이 약자의 원리를 이용하여 복잡하고 어려운 한자를 쉽게 쓸 수 있도록 1956년 중국 국무원에서 처음 공포하였고 1958년 제1기 전국 인민 대표 대회 때 정식으로 비준된 한자 간화 방안을 근거하여 그 약자를 보완 정리한 것이 우리가 말하는 중국 간체자 또는 중국 간자체라고 불리우는 것입니다.

　본 중국어 간체자 쓰기 교본은 제 1편에서 그것에 바탕을 둔 상용화된 간체자를 502자로 정선하였고, 제 2편에서는 필수적인 단어로 구성하였으며 제 3편에서는 간략한 기초 회화를 부족하나마 실어 중국어를 처음 배우려는 분들을 위해 이해를 돕도록 애써 기획하였습니다.

그러나 한정된 공간에 얼마만큼 충실을 기할 수 있었나 묻는다면 심히 두렵습니다.

　아무튼 이 중국어 간체자 쓰기의 교본으로 여러분의 중국어 학습에 도움이 되었으면 하는 소망과 여러분의 학습정진에 커다란 성과가 있으셨으면하는 마음으로 성원하며 기원합니다.

필자 드림

일 러 두 기

● 이 중국어 간체자 쓰기 교본의 범례

　주의　간체자 쓰기 학습을 할 때 한자의 약자라 인식하고 학습하면 보다 효과적이다.

❶ 학습고유번호
❷ 표제자(한자)
❸ 표제자(간체자)
❹ 한자의 음훈
❺ 한자의 부수
❻ 간체자의 발음
❼ 간체자의 총획수
❽ 간체자의 획순
❾ 간체자의 응용단어
❿ 한자 쓰기
⓫ 간체자 쓰기

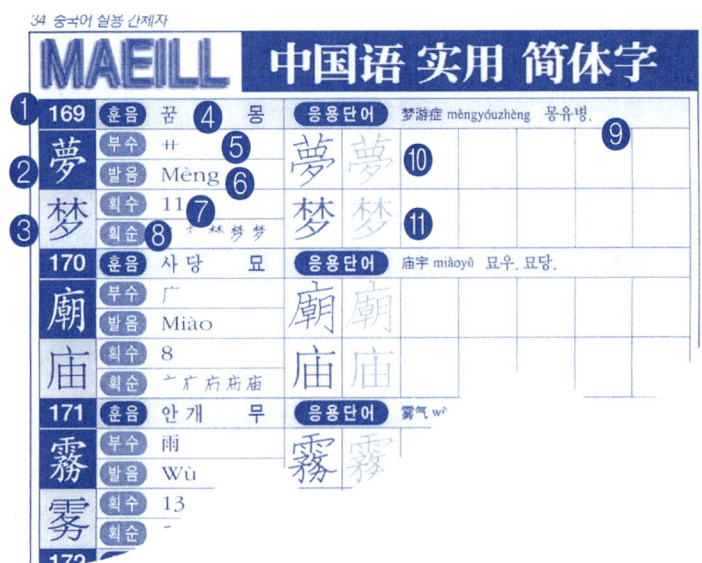

● 상용 부수를 간화시킨 대표적인 14자

言	昜	糸	食	金	臤	巠	阝	興	戠	罜	炏	咼	戀
讠	㶊	纟	饣	钅	収	圣	忄	兴	只	羊	艹	呙	亦
yán	yì	sī	shí	jīn	jiān	kēng	lín	xué	zhī	shèng	yíng	guō	liàn

　주의　편의상 본문에서는 영자 발음 중 i를 i식 등으로 표기하였음.

제 1 편
중국어 상용 간체자 익히기

中国语 实用 简体字

1. 價 / 价
- 훈음: 값 가
- 부수: 亻
- 발음: Jià
- 획수: 6
- 획순: 亻 亻 亻 价 价
- 응용단어: 价钱 jià·qian ① 값. 가격.

2. 覺 / 觉
- 훈음: 깨달을 각
- 부수: 見
- 발음: Jué Jiào
- 획수: 9
- 획순: ⺌ ⺌ 冖 学 觉
- 응용단어: 觉醒 juéxǐng ① 각성. 자각. ② 자각하다.

3. 殼 / 壳
- 훈음: 껍질 각
- 부수: 殳
- 발음: Qiào
- 획수: 7
- 획순: 一 十 士 声 壳
- 응용단어: 壳质 Qiào Zhì 키틴질(곤충의 외골격). 각질.

4. 墾 / 垦
- 훈음: 개간할 간
- 부수: 土
- 발음: Kěn
- 획수: 9
- 획순: ⺈ ⺕ 艮 艮 垦
- 응용단어: 垦殖 kěnzhí 황무지를개간하다. 경작하다.

5. 揀 / 拣
- 훈음: 가릴 간
- 부수: 扌
- 발음: Jiǎn
- 획수: 8
- 획순: 扌 扌 扩 拃 拣
- 응용단어: 拣选 jiǎnxuǎn 고르다. 선택하다.

6. 艱 / 艰
- 훈음: 어려울 간
- 부수: 艮
- 발음: Jiān
- 획수: 8
- 획순: ⺈ 又 ⺕ 艰 艰
- 응용단어: 艰辛 jiānxīn 견디기 어렵다. 간난신고하다.

중국어 실용 간체자 7

中国语 实用 简体字

7 間 间	훈음	사이 간	응용단어	间接 jiànjiē ① 간접. ② 간접적이다.
	부수	門		
	발음	Jiān		
	획수	7		
	획순	丨冂冂冂间间		

8 簡 简	훈음	간략할 간	응용단어	简单 jiǎndān ① 간단하다. ② 단순하다.
	부수	竹		
	발음	Jiǎn		
	획수	13		
	획순	丿 竹 竹 简 简		

9 監 监	훈음	볼 감	응용단어	监察 jiānchá ① 감찰하다. ② 감시하다.
	부수	皿		
	발음	Jiān		
	획수	10		
	획순	丨 丨丨 丨丨 临 监		

10 岡 冈	훈음	산등성이 강	응용단어	冈峦 gāngluán 연이어진 산등성이.
	부수	冂		
	발음	Gāng		
	획수	4		
	획순	丨冂冈冈		

11 剛 刚	훈음	굳셀 강	응용단어	刚直 gāngzhí 강직하다.
	부수	刂		
	발음	Gāng		
	획수	6		
	획순	丨冂冈刚刚		

12 講 讲	훈음	이야기 강	응용단어	讲座 jiǎngzuò 강좌. 예) 중국어 강좌.
	부수	言		
	발음	Jiǎng		
	획수	6		
	획순	讠 讠 讲 讲 讲		

中国语 实用 简体字

#							
13 蓋 盖	훈음: 덮을 개 / 부수: ⺾ / 발음: Gài / 획수: 11 / 획순: 丶 ⺊ ⺍ 姜 盖	응용단어: 盖世 gàishì 세상을 뒤덮음.	蓋 盖	蓋 盖			
14 開 开	훈음: 열 개 / 부수: 門 / 발음: Kāi / 획수: 4 / 획순: 一 二 于 开	응용단어: 开花(儿) kāihuā(r) 꽃이 피다. 벌어지다.	開 开	開 开			
15 個 个	훈음: 낱 개 / 부수: 亻 / 발음: Gè / 획수: 3 / 획순: 丿 人 个	응용단어: 个儿 gèr ① 키. 몸집. ② 크기. 부.	個 个	個 个			
16 舉 举	훈음: 들 거 / 부수: 手 / 발음: Jǔ / 획수: 9 / 획순: 丶 丷 兴 弁 举	응용단어: 举行 jǔxíng 거행하다. 진행하다.	舉 举	舉 举			
17 乾 干	훈음: 하늘 건 / 부수: 十 / 발음: Gān / 획수: 3 / 획순: 一 二 干	응용단어: 干巴巴(的) gānbābā(·de) 말라서 딱딱하다.	乾 干	乾 干			
18 儉 俭	훈음: 검소할 검 / 부수: 亻 / 발음: Jiǎn / 획수: 9 / 획순: 亻 仆 伀 俭 俭	응용단어: 俭朴 jiǎnpǔ 소박하다. 검소하다.	儉 俭	儉 俭			

MAEILL 中国语 实用 简体字

19 擊击	훈음	칠 격	응용단어	击中 jīzhòng 맞히다. 명중하다.
	부수	手		
	발음	Jī		
	획수	5		
	획순	一 二 キ 击 击		

20 牽牵	훈음	끌 견	응용단어	牵制 qiānzhì ① 견제. ② 견제하다.
	부수	牛		
	발음	Qiān		
	획수	9		
	획순	一 大 亠 牵 牵		

21 見见	훈음	볼 견	응용단어	见习 jiànxí ① 견습. ② 견습하다.
	부수	見		
	발음	Jiàn		
	획수	4		
	획순	丨 冂 贝 见		

22 繭茧	훈음	고치 견	응용단어	茧丝 Jiǎn Sī 명주실.
	부수	艹		
	발음	Jiǎn		
	획수	9		
	획순	一 艹 茁 芇 茧		

23 潔洁	훈음	깨끗할 결	응용단어	洁净 jiéjìng 정갈하다. 산뜻하다.
	부수	氵		
	발음	Jié		
	획수	9		
	획순	氵 氵 汁 浩 洁		

24 訣诀	훈음	비결 결	응용단어	诀窍(儿) juéqiào(r) 비결. 요령.
	부수	言		
	발음	Jué		
	획수	6		
	획순	讠 讠 讦 诀 诀		

中国语 实用 简体字

번호	훈음	부수	발음	획수	획순	응용단어
25 慶/庆	경사 경	广	Qìng	6	一广广庐庆	庆祝 qìngzhù 경축하다. 축하하다.
26 輕/轻	가벼울 경	車	Qīng	9	车车轻轻轻	轻柔 qīngróu 가볍고 부드럽다.
27 驚/惊	놀랄 경	馬	Jīng	11	忄忄怜惊惊	惊醒 jīngxǐng 놀라 깨어나다.
28 頸/颈	목 경	頁	Jǐng	11	乛圣圣颈颈	颈项 jǐngxiàng 목. 목덜미
29 啓/启	열 계	口	Qǐ	7	丶丶戸启启	启示 qǐshì 계시하다. 시사하다.
30 階/阶	섬돌 계	阝	Jiē	6	阝阝阶阶阶	阶级 jiējí ① 계급. ② 투쟁.

中国语 实用 简体字

31 鷄/鸡	훈음	닭 계	응용단어	鸡蛋 jīdàn 달걀. 계란.
	부수	鳥		
	발음	Jī		
	획수	7		
	획순	又 邓 䦹 鸡 鸡		

32 計/计	훈음	셀 계	응용단어	计划 jìhuà ① 계획. ② 계획하다.
	부수	言		
	발음	Jì		
	획수	4		
	획순	丶 讠 计 计		

33 繼/继	훈음	이을 계	응용단어	继续 jìxù ① 계속. 연속. ② 활동하다.
	부수	糸		
	발음	Jì		
	획수	10		
	획순	ㄥ 纟 纩 继 继		

34 庫/库	훈음	곳집 고	응용단어	库存 kùcún 잔고. 재고.
	부수	广		
	발음	Kù		
	획수	7		
	획순	丶 广 庀 庢 库		

35 顧/顾	훈음	돌아볼 고	응용단어	顾客 gùkè 고객. 손님.
	부수	頁		
	발음	Gù		
	획수	10		
	획순	一 厂 厄 顾 顾		

36 鞏/巩	훈음	굳을 공	응용단어	巩固 gǒnggù ① 공고하다. ② 튼튼히 다지다.
	부수	革		
	발음	Gǒng		
	획수	6		
	획순	一 丁 玑 巩 巩		

中国语 实用 简体字

37 誇夸	훈음	자랑할 과	응용단어	夸张 kuāzhāng ① 과장. ② 과장하다.
	부수	言		
	발음	Kuā		
	획수	6		
	획순	一 大 太 夼 夸		

38 過过	훈음	넘을, 지낼 과	응용단어	过去 guòqù ① 과거. ② 지난 날.
	부수	辶		
	발음	Guò		
	획수	6		
	획순	一 寸 寸 汁 过		

39 課课	훈음	수업 과	응용단어	课题 kètí 학습 과제. 과제.
	부수	言		
	발음	Kè		
	획수	10		
	획순	讠 讠 讵 课 课		

40 觀观	훈음	볼 관	응용단어	观望 guānwàng 둘러보다. 사방을 둘러보다.
	부수	見		
	발음	Guān		
	획수	6		
	획순	又 𝑥 𝑥 观 观		

41 關关	훈음	문빗장 관	응용단어	关系 guān·xi 관계. 관련.
	부수	門		
	발음	Guān		
	획수	6		
	획순	丶 丶 丷 ⺀ 关 关		

42 慣惯	훈음	버릇 관	응용단어	惯例 guànlì 관례.
	부수	忄		
	발음	Guàn		
	획수	11		
	획순	忄 忄 惯 惯 惯		

中国语 实用 简体字

43 廣广	훈음	넓을 광	응용단어	广告 guǎnggào ① 광고. ② 광고하다.
	부수	广		
	발음	Guǎng		
	획수	3		
	획순	丶 一 广		

44 館馆	훈음	객 사 관	응용단어	馆子 guǎn·zi 술집. 음식점.
	부수	食		
	발음	Guǎn		
	획수	11		
	획순	ク 饣 饣 馆 馆		

45 壞坏	훈음	무너뜨릴 괴	응용단어	坏处 huài·chu 결점. 나쁜 점.
	부수	土		
	발음	Huài		
	획수	7		
	획순	一 十 土 坏 坏		

46 塊块	훈음	흙덩이 괴	응용단어	块垒 kuàilěi 울분.
	부수	土		
	발음	Kuài		
	획수	7		
	획순	一 十 土 块 块		

47 轟轰	훈음	울릴 굉	응용단어	轰动 hōngdòng 뒤흔들다. 파문.
	부수	車		
	발음	Hōng		
	획수	8		
	획순	一 ヒ 车 轰 轰		

48 攪搅	훈음	어지러울 교	응용단어	搅乱 jiǎoluàn 교란하다. 헝클어지다.
	부수	扌		
	발음	Jiǎo		
	획수	12		
	획순	一 扌 扩 拌 搅		

번호	훈음		응용단어
49 僑/侨	훈음: 우거할 교 부수: 亻 발음: Qiáo 획수: 8 획순: 亻 亻 仁 仵 侨		侨民 qiáomín 교민. 해외교포.
50 喬/乔	훈음: 높을 교 부수: 口 발음: Qiáo 획수: 6 획순: ノ 二 夭 禾 乔		乔迁 qiáoqiān 더 좋은 곳으로 이사하다.
51 軀/躯	훈음: 몸 구 부수: 身 발음: Qū 획수: 11 획순: 亻 丬 身 躯 躯		躯体 qūtǐ 몸. 신체.
52 懼/惧	훈음: 두려워할 구 부수: 忄 발음: Jù 획수: 11 획순: 丶 忄 忄 忄 惧 惧		恐惧 kǒngjù 두려워하다.
53 區/区	훈음: 나눌 구 부수: 匸 발음: Qū 획수: 4 획순: 一 フ ㄨ 区		区区 qūqū 사소하다. 보잘것없다.
54 舊/旧	훈음: 오랠 구 부수: 艹 발음: Jiù 획수: 5 획순: 丨 丨丨 丨丨丨 旧 旧		旧式 jiùshì 구식. 재래식.

MAEILL 中国语 实用 简体字

55 構/构	훈음	얽을 구	응용단어	购买 gòumǎi ① 구매. ② 구매하다.
	부수	木		
	발음	Gòu		
	획수	8		
	획순	一十木朽构		

56 謳/讴	훈음	노래할 구	응용단어	讴歌 Ōu Gē 노래를 부르다.
	부수	言		
	발음	Ōu		
	획수	6		
	획순	丶讠订讴讴		

57 溝/沟	훈음	도랑 구	응용단어	沟通 gōutōng 통하다. 교류하다.
	부수	氵		
	발음	Gōu		
	획수	7		
	획순	丶氵汀沟沟		

58 軍/军	훈음	군사 군	응용단어	军需 jūnxū 군수품. 군대.
	부수	車		
	발음	Jūn		
	획수	6		
	획순	冖冖冖军军		

59 窮/穷	훈음	다할 궁	응용단어	穷困 qióngkùn 곤궁하다. 빈곤하다.
	부수	穴		
	발음	Qióng		
	획수	7		
	획순	丶宀穴穷穷		

60 權/权	훈음	권세 권	응용단어	权力 quánlì 권력. 권한
	부수	木		
	발음	Quán		
	획수	6		
	획순	一十木权权		

中国语 实用 简体字

번호	항목	내용	응용단어
61 勸/劝	훈음	권할 권	응용단어: 劝慰 quànwèi 위로하다. 달래다.
	부수	力	
	발음	Quàn	
	획수	4	
	획순	フ ヌ ヌl 劝	
62 詭/诡	훈음	다를 궤	응용단어: 诡诈 guǐzhà 간사하다. 교활하다.
	부수	言	
	발음	Guǐ	
	획수	8	
	획순	讠 讦 讦 诡 诡	
63 櫃/柜	훈음	궤 궤	응용단어: 柜台 guìtái 계산대. 카운터.
	부수	木	
	발음	Guì	
	획수	8	
	획순	一 朾 朾 柜 柜	
64 軌/轨	훈음	굴대, 법 궤	응용단어: 轨范 guǐfàn 궤범. 규범.
	부수	車	
	발음	Guǐ	
	획수	6	
	획순	七 车 车 轧 轨	
65 歸/归	훈음	돌아올 귀	응용단어: 归还 guīhuán 반환하다. 되돌려 주다.
	부수	止	
	발음	Guī	
	획수	5	
	획순	㇐ ㇕ ㇕ 归 归	
66 糾/纠	훈음	얽힐 규	응용단어: 纠察 jiūchá 사회 질서를 유지하고 통제하다.
	부수	糸	
	발음	Jiū	
	획수	5	
	획순	ㄥ ㄠ 纟 纠 纠	

중국어 실용 간체자 17

MAEILL 中国语 实用 简体字

67 劇 剧	훈음	연극 극	응용단어	剧作家 jùzuòjiā 극작가.
	부수	刂		
	발음	Jù		
	획수	10		
	획순	フコ尸居剧		

68 極 极	훈음	극 극	응용단어	极限 jíxiàn 극한. 한계. 한계속도.
	부수	木		
	발음	Jí		
	획수	7		
	획순	一十才极板		

69 僅 仅	훈음	겨우 근	응용단어	仅仅 jǐnjǐn 단지. 다만.
	부수	亻		
	발음	Jǐn		
	획수	4		
	획순	丿亻仅仅		

70 級 级	훈음	등급 급	응용단어	级别 jíbié 동급. 순위.
	부수	糹		
	발음	Jí		
	획수	7		
	획순	纟纟纩级级		

71 機 机	훈음	틀 기	응용단어	机械 jīxiè ① 기계 장치. ② 융통성이 없다.
	부수	木		
	발음	Jī		
	획수	6		
	획순	一十才机机		

72 譏 讥	훈음	나무랄 기	응용단어	讥笑 jīxiào 비웃다. 조롱하다.
	부수	言		
	발음	Jī		
	획수	4		
	획순	丶讠讥讥		

中国语 实用 简体字

73 氣 气	훈음	공기, 기운 기	응용단어	气候 qì·hòu 기후. 동향. 정세.
	부수	气		
	발음	Qì		
	획수	4		
	획순	ノ ㅗ 느 气		

74 記 记	훈음	적을 기	응용단어	记载 jìzǎi 기재하다. 기록하다.
	부수	言		
	발음	Jì		
	획수	5		
	획순	丶 讠 认 记 记		

75 饑 饥	훈음	흉년들 기	응용단어	饥馑 jījǐn 기근. 흉작.
	부수	食		
	발음	Jī		
	획수	5		
	획순	ノ 厂 匕 饣 饥		

76 幾 几	훈음	몇 기	응용단어	几乎 jīhū 거의.
	부수	戈		
	발음	Jǐ		
	획수	2		
	획순	ノ 几		

77 豈 岂	훈음	어찌 기	응용단어	岂非 qǐfēi 어찌...이 아니겠는가?
	부수	山		
	발음	Qǐ		
	획수	6		
	획순	丨 凵 屮 岩 岂 岂		

78 緊 紧	훈음	팽팽할 긴	응용단어	紧要 jǐnyào 중요하다. 요긴하다.
	부수	糸		
	발음	Jǐn		
	획수	10		
	획순	丨 丨丨 坚 紧 紧		

中国语 实用 简体字

번호	한자	훈음	부수	발음	획수	획순	응용단어
79	難 / 难	어려울 난	隹	Nán	10	フ ヌ ヌ 对 难	难题 nántí 난제. 어려운 문제.
80	納 / 纳	바칠 납	糸	Nà	7	纟 纟 纠 纳 纳	纳税 nà//shuì 납세하다. 세금을 내다.
81	寧 / 宁	편안할 녕	宀	Níng Nìng	5	丶 丶 宀 宁 宁	宁帖 níngtiē 안정되다. 평온하다.
82	農 / 农	농사 농	辰	Nóng	6	一 𠂉 𠂉 农 农	农业 nóngyè 농업.
83	惱 / 恼	괴로와할 뇌	忄	Nǎo	9	丷 忄 忄 忄 恼	恼火 nǎo//huǒ 성내다. 화를 내다.
84	訥 / 讷	말더듬을 눌	言	Nè	6	讠 讠 讷 讷 讷	讷口 Nè Kǒu 말을 더듬거리다.

85	훈음	홑 단	응용단어	单纯 dānchún ① 단순. ② 단순하다.
單单	부수	口		
	발음	Dān		
	획수	8		
	획순	丶丷当単单		

86	훈음	모일 단	응용단어	团结 tuánjié ① 단결하다. ② 우호적이다.
團团	부수	口		
	발음	Tuán		
	획수	6		
	획순	丨冂用用团		

87	훈음	단 단	응용단어	花坛 huātán 화단.
壇坛	부수	土		
	발음	Tán		
	획수	7		
	획순	一十圠坛坛		

88	훈음	쇠불릴 단	응용단어	锻炼 duànliàn 쇠를 불리다.
鍛锻	부수	金		
	발음	Duàn		
	획수	6		
	획순	钅钅钌铆锻		

89	훈음	통할,이를 달	응용단어	达到 dá∥dào 도달하다. 이르다.
達达	부수	辶		
	발음	Dá		
	획수	6		
	획순	一十大达达		

90	훈음	멜 담	응용단어	负担 fùdān ① 부담. ② 부담하다. 책임지다.
擔担	부수	扌		
	발음	Dān Dàn		
	획수	8		
	획순	一扌扪担担		

中国语 实用 简体字

91 膽/胆	훈음	쓸개 담	응용단어	胆敢 dǎngǎn 감히. 대담하게.
	부수	月(肉)		
	발음	Dǎn		
	획수	9		
	획순	丿 月 刖 胆 胆		

92 當/当	훈음	맡을,마땅할 당	응용단어	当即 dāngjí 즉시. 곧.
	부수	田		
	발음	Dāng Dàng		
	획수	6		
	획순	丨 丷 当 当 当		

93 黨/党	훈음	무리 당	응용단어	党员 dǎngyuán 당원.
	부수	黑		
	발음	Dǎng		
	획수	10		
	획순	丨 丷 尚 党		

94 臺/台	훈음	대 대	응용단어	窗台(儿) chuāngtái(r) 창턱. 창틀 받침대.
	부수	士		
	발음	Tái		
	획수	5		
	획순	厶 台 台		

95 貸/贷	훈음	빌릴 대	응용단어	贷款 dàikuǎn 차관. 대부금.
	부수	貝		
	발음	Dài		
	획수	9		
	획순	代 代 代 伐 贷		

96 對/对	훈음	마주볼 대	응용단어	对比 duìbǐ ① 대비. ② 대조하다.
	부수	寸		
	발음	Duì		
	획수	5		
	획순	丆 又 对 对		

中国语 实用 简体字

97	훈음	대오 대	응용단어	队长 duìzhǎng 대장. 주장.
隊 队	부수	阝		
	발음	Duì		
	획수	4		
	획순	丨 阝 队 队		

98	훈음	띠 대	응용단어	带劲 dàijìn 재미있다. 신이 나다.
帶 带	부수	巾		
	발음	Dài		
	획수	9		
	획순	一 十 卅 带 带		

99	훈음	바를 도	응용단어	涂抹 túmǒ 칠하다. 마구 쓰거나 그리다.
塗 涂	부수	土		
	발음	Tú		
	획수	10		
	획순	氵 汄 汆 浍 涂		

100	훈음	찧을 도	응용단어	捣乱 dǎo//luàn 교란하다. 소란을 피우다.
搗 捣	부수	扌		
	발음	Dǎo		
	획수	10		
	획순	扌 扌 捣 捣 捣		

101	훈음	그림 도	응용단어	图章 túzhāng ① 도장. ② 도장을 찍다.
圖 图	부수	口		
	발음	Tú		
	획수	8		
	획순	丨 冂 冋 图 图		

102	훈음	이끌 도	응용단어	导致 dǎozhì 초래하다. 야기하다.
導 导	부수	寸		
	발음	Dǎo		
	획수	6		
	획순	一 フ コ 三 旦 导		

中国语 实用 简体字

번호	훈음	부수	발음	획수	획순	응용단어
103 獨/独	홀로 독	犭	Dú	9	ノ 犭 犭 独 独	独自 dúzì ① 혼자. 홀로. ② 단독으로.
104 動/动	움직일 동	力	Dòng	6	一 二 云 动 动	动摇 dòngyáo 동요하다. 흔들리다.
105 讀/读	읽을 독	言	Dú	10	讠 讠 诗 诗 读 读	读书 dú//shū 독서하다. 책을 읽다.
106 東/东	동녘 동	木	Dōng	5	一 七 车 东 东	东方 Dōngfāng 동양. 아시아.
107 凍/冻	얼 동	冫	Dòng	7	丶 冫 冫 冻 冻	冻伤 dòngshāng ① 동상. ② 동상에 걸리다.
108 頭/头	머리 두	頁	Tóu	5	丶 丶 〒 头 头	头脑 tóunǎo ① 머리. 사고력. ② 머리가 맑다.

中国语 实用 简体字

109	훈음	나라이름 등	응용단어	邓小平 Dèng Xiǎo Píng 등소평.
鄧 邓	부수	阝		
	발음	Dèng		
	획수	4		
	획순	フ 又 adv 邓		

110	훈음	등잔 등	응용단어	灯盏 dēngzhǎn 등잔. 유등.
燈 灯	부수	火		
	발음	Dēng		
	획수	6		
	획순	` ` 火 灯 灯		

111	훈음	즐길,풍유 락,악,요	응용단어	乐园 lèyuán 낙원.
樂 乐	부수	木		
	발음	Lè, Yào, Yuè		
	획수	6		
	획순	一 厂 匚 乐 乐		

112	훈음	대답할 락(낙)	응용단어	诺言 nuòyán 언약. 승낙의 말.
諾 诺	부수	言		
	발음	Nuò		
	획수	10		
	획순	讠 讦 讦 诺 诺		

113	훈음	어지러울 란	응용단어	乱离 luànlí 전란을 피해 흩어지다.
亂 乱	부수	乙		
	발음	Luàn		
	획수	7		
	획순	ノ 一 千 舌 乱		

114	훈음	난초 란	응용단어	兰花 lánhuā 난. 난초·등골나물 등의 꽃.
蘭 兰	부수	艹		
	발음	Lán		
	획수	5		
	획순	` ` ` 兰 兰		

中国语 实用 简体字

번호	한자	훈음	부수	발음	획수	획순	응용단어
115	覽 / 览	볼 람	見	Lǎn	9	⺊⺊⺊⺊览	阅览 yuèlǎn 열람하다. 읽다.
116	藍 / 蓝	쪽 람	艹	Lán	13	一艹苹萨蓝	蓝图 lántú 청사진. 미래상.
117	兩 / 两	둘 량	一	Liǎng	7	一厂厂兩两	两便 liǎngbiàn 쌍방이 모두 편하다.
118	糧 / 粮	양식 량	米	Liáng	13	丶丶米粒粮	粮食 liáng·shi 양식, 식량.
119	勵 / 励	힘쓸 려	力	Lì	7	一厂厉励励	激励 jīlì 격려하다.
120	麗 / 丽	고울 려	鹿	Lì	7	一丆丌百丽	丽人 lìrén 미인.

中国语 实用 简体字

No.	훈음	부수	발음	획수	획순	응용단어
121 慮虑	생각할 려	虍	Lǜ	10	丿 丨 户 虍 虑	顾虑 gùlǜ ① 걱정. ② 근심이 가득하다.
122 歷历	지낼 력	厂	Lì	4	一 厂 历 历	历史 lìshǐ ① 역사. ② 역사적 경험.
123 曆历	책력 력	厂	Lì	4	一 厂 历 历	历书 lìshū 역서. 책력.
124 練练	익힐 련	糸	Liàn	8	纟 纟 纩 练	练习 liànxí ① 연습. ② 연습하다.
125 戀恋	사모할 련	心	liàn	10	亠 亦 亦 恋 恋	恋爱 liàn'ài 연애. 연애하다.
126 憐怜	불쌍히여길 련	忄	Lián	8	丷 忄 忄 怜 怜	怜悯 liánmǐn 불쌍히 여기다. 동정하다.

MAEILL 中国语 实用 简体字

127	훈음	연할 련	응용단어	联盟 liánméng 연맹. 동맹.
聯 联	부수	耳		
	발음	Lián		
	획수	12		
	획순	一丆耳耴联		

128	훈음	발 렴	응용단어	窗帘(儿) chuānglián(r) 커튼.
簾 帘	부수	竹		
	발음	Lián		
	획수	8		
	획순	宀穴灾灾帘		

129	훈음	사 냥 렵	응용단어	猎奇 lièqí 새롭고 기이한 것만 찾아다님.
獵 猎	부수	犭		
	발음	Liè		
	획수	11		
	획순	丿犭犭猎猎		

130	훈음	신령 령	응용단어	灵魂 línghún ① 영혼. 넋. ② 마음.
靈 灵	부수	雨		
	발음	Líng		
	획수	7		
	획순	乛ㅋㅋㅋ灵		

131	훈음	나이 령	응용단어	妙龄 miàolíng 묘령. 꽃다운 나이.
齡 龄	부수	齒		
	발음	Líng		
	획수	13		
	획순	丨⺊䒑齿龄		

132	훈음	종 례	응용단어	隶属 lìshǔ 예속되다.
隸 隶	부수	隶		
	발음	Lì		
	획수	8		
	획순	乛ヨ圭隶隶		

번호	한자	훈음	부수	발음	획수	획순	응용단어
133	禮/礼	예,예물 례	示	Lǐ	5	丶フ ネ ネ 礼	礼仪 lǐyí 예의. 예의범절.
134	盧/卢	검을 로	虍	Lú	5	丨 卜 ㅏ 占 卢	卢布 lúbù 루블 (러시아 화폐 단위)
135	勞/劳	일할 로	力	Láo	7	一 艹 艹 劳 劳	劳力 láolì 노력. 노동력. 일손.
136	蘆/芦	갈대 로	艹	Lú	7	一 艹 艹 芐 芦	芦苇 lúwěi 갈대.
137	錄/录	기록할 록	金	Lù	8	フ ⼅ 크 ヨ 录	录用 lùyòng 채용하다. 고용하다.
138	論/论	논할 론	言	Lùn	6	丶 讠 计 论 论	论证 lùnzhèng ① 논증. ② 논증하다.

MAEILL 中国语 实用 简体字

139	훈음	병나을 료	응용단어	疗养 liáoyǎng 요양하다
療 疗	부수	疒		
	발음	Liáo		
	획수	7		
	획순	亠广疒疗疗		

140	훈음	멀 료	응용단어	辽远 liáoyuǎn 요원하다. 아득히 멀다.
遼 辽	부수	辶		
	발음	Liáo		
	획수	5		
	획순	一了了辽辽		

141	훈음	밝을 료	응용단어	了然 liǎorán 분명하다. 확실하다.
瞭 了	부수	目		
	발음	Liǎo		
	획수	2		
	획순	一了		

142	훈음	용 룡	응용단어	龙宫 lónggōng 용궁.
龍 龙	부수	龍		
	발음	Lóng		
	획수	5		
	획순	一ナ尤龙龙		

143	훈음	안을 루	응용단어	抖搂 dǒu·lou 털다. 폭로하다. 까발리다.
摟 搂	부수	扌		
	발음	Lǒu		
	획수	12		
	획순	扌扩搂搂搂		

144	훈음	다락 루	응용단어	楼梯 lóutī 계단. 층계.
樓 楼	부수	木		
	발음	Lóu		
	획수	13		
	획순	一木杪楼楼		

中国语 实用 简体字

145	훈음	무리 류	응용단어	类似 lèisì 유사하다. 비슷하다.
類 类	부수	頁	類 類	
	발음	Lèi		
	획수	9	类 类	
	획순	丶丷米米类		
146	훈음	도끼,성 류	응용단어	刘先生 Liú Xiān Shēng Mr. 류
劉 刘	부수	刂	劉 劉	
	발음	Liú		
	획수	6	刘 刘	
	획순	一ナ文刘刘		
147	훈음	뭍 륙	응용단어	陆地 lùdì 육지.
陸 陆	부수	阝	陸 陸	
	발음	Lù		
	획수	7	陆 陆	
	획순	丿阝阵陆陆		
148	훈음	차례 륜	응용단어	伦理 lúnlǐ ① 윤리. ② 사람이 지켜야할 도리.
倫 伦	부수	亻	倫 倫	
	발음	Lún		
	획수	6	伦 伦	
	획순	丿亻仂伦伦		
149	훈음	떠날 리	응용단어	离别 líbié 이별하다. 헤어지다.
離 离	부수	隹	離 離	
	발음	Lí		
	획수	10	离 离	
	획순	一文内离离		
150	훈음	이웃 린	응용단어	邻近 línjìn ① 이웃. 부근. ② 인접하다.
隣 邻	부수	阝	隣 隣	
	발음	Lín		
	획수	7	邻 邻	
	획순	人今令今阝邻		

中国语 实用 简体字

151	훈음	임할 림	응용단어	临终 línzhōng 죽을 때가 되다.
臨 临	부수	臣		
	발음	Lín		
	획수	9		
	획순	ㅣㅣ 临临临		

152	훈음	말 마	응용단어	马匹 mǎpǐ 말의 총칭.
馬 马	부수	馬		
	발음	Mǎ		
	획수	3		
	획순	フフ丆马马		

153	훈음	만두 만	응용단어	馒头 mán·tou 만두. 찐빵.
饅 馒	부수	食		
	발음	Mán		
	획수	3		
	획순	ノケ 馈馈馒		

154	훈음	어미 마	응용단어	妈妈 mā·ma 엄마. 어머니.
媽 妈	부수	女		
	발음	Mā		
	획수	6		
	획순	く女 如妈妈		

155	훈음	어조사 마	응용단어	吗啡 mǎfēi 모르핀.
嗎 吗	부수	口		
	발음	Mà		
	획수	6		
	획순	冂 叩叩吗吗		

156	훈음	찰 만	응용단어	满足 mǎnzú 만족시키다. 충족시키다.
滿 满	부수	氵		
	발음	Mǎn		
	획수	13		
	획순	氵氵汁 汻满		

中国语 实用 简体字

157 蠻 蛮	훈음: 오랑캐 만 / 부수: 虫 / 발음: Mán / 획수: 12 / 획순: 一亦亦亦蛮	응용단어: 蛮横 mánhèng 난폭하다. 거칠다.

158 灣 湾	훈음: 물굽이 만 / 부수: 氵 / 발음: Wān / 획수: 12 / 획순: 氵汒泸湾湾	응용단어: 港湾 gǎngwān 항만. 항구.

159 瞞 瞒	훈음: 속일 만 / 부수: 目 / 발음: Mán / 획수: 15 / 획순: 丨目目'瞒瞒	응용단어: 瞒哄 mánhǒng 속이다.

160 萬 万	훈음: 일만 만 / 부수: 艹 / 발음: Wàn / 획수: 3 / 획순: 一フ万	응용단어: 万能 wànnéng 만능이다. 온갖일에 능하다.

161 彎 弯	훈음: 굽을 만 / 부수: 弓 / 발음: Wān / 획수: 9 / 획순: 一亦亦亦弯	응용단어: 弯曲 wānqū 구불구불하다.

162 網 网	훈음: 그물 망 / 부수: 糸 / 발음: Wǎng / 획수: 6 / 획순: 丨冂冂网网	응용단어: 网民 wǎngmín 네티즌. 인터넷 이용자.

MAEILL 中国语 实用 简体字

163	훈음	갈 매	응용단어	迈进 màijìn 힘차게 앞으로 나아가다.
邁 迈	부수	辶		
	발음	Mài		
	획수	6		
	획순	一 丆 万 迈 迈		

164	훈음	살 매	응용단어	买卖 mǎi·mai 매매. 장사.
買 买	부수	貝		
	발음	Mǎi		
	획수	6		
	획순	一 乛 곳 买 买		

165	훈음	팔 매	응용단어	卖乖 mài//guāi 잘난 체하다. 재주를 뽐내다.
賣 卖	부수	士		
	발음	Mài		
	획수	8		
	획순	一 十 击 壶 卖		

166	훈음	보리 맥	응용단어	麦克风 màikèfēng 마이크. 마이크로폰.
麥 麦	부수	麥		
	발음	Mài		
	획수	7		
	획순	一 十 キ 考 麦		

167	훈음	밀가루 면	응용단어	面子 miàn·zi 면목. 체면.
麵 面	부수	麥		
	발음	Miàn		
	획수	9		
	획순	一 丆 而 面		

168	훈음	멸할 멸	응용단어	灭绝 mièjué 완전히 제거하다.
滅 灭	부수	氵		
	발음	Miè		
	획수	5		
	획순	一 丆 尸 灭		

中国语 实用 简体字

169	훈음	꿈 몽	응용단어	梦游症 mèngyóuzhèng 몽유병.
夢 梦	부수	艹		
	발음	Mèng		
	획수	11		
	획순	一十 林 梦 梦		

170	훈음	사당 묘	응용단어	庙宇 miàoyǔ 묘우. 묘당.
廟 庙	부수	广		
	발음	Miào		
	획수	8		
	획순	一广疒疠庙		

171	훈음	안개 무	응용단어	雾气 wùqì 안개.
霧 雾	부수	雨		
	발음	Wù		
	획수	13		
	획순	一广币雯雾		

172	훈음	없을 무	응용단어	无能 wúnéng 무능하다. 무력하다.
無 无	부수	灬		
	발음	Wú		
	획수	4		
	획순	一二チ无		

173	훈음	힘쓸 무	응용단어	务必 wùbì 반드시. 꼭.
務 务	부수	力		
	발음	Wù		
	획수	5		
	획순	丿ク 夂 冬 务		

174	훈음	어루만질 무	응용단어	抚慰 fǔwèi 위로하다.
撫 抚	부수	扌		
	발음	Fǔ		
	획수	7		
	획순	一十扌扩抚		

MAEILL 中国语 实用 简体字

175 贸 贸	훈음	바꿀 무	응용단어	贸易 màoyì 무역. 교역.
	부수	貝		
	발음	Mào		
	획수	9		
	획순	⺊ ⺉ ⺕ 贸 贸		

176 門 门	훈음	문 문	응용단어	门户 ménhù 출입문. 문벌. 가문.
	부수	門		
	발음	Mén		
	획수	3		
	획순	丶 丨 门		

177 們 们	훈음	들 문	응용단어	你们 nǐ·men 너희들. 당신들.
	부수	亻		
	발음	Mén		
	획수	5		
	획순	丿 亻 亻 们 们		

178 問 问	훈음	물을 문	응용단어	问安 wèn//ān 안부를 여쭙다.
	부수	門		
	발음	Wèn		
	획수	6		
	획순	丶 丨 门 问 问		

179 樸 朴	훈음	순박할 박	응용단어	朴素 pǔsù ① 검소. ② 소박하다.
	부수	木		
	발음	Pǔ		
	획수	6		
	획순	一 十 才 朴 朴		

180 撲 扑	훈음	칠 박	응용단어	扑通 pūtōng 쿵. 풍덩.
	부수	扌		
	발음	Pū		
	획수	5		
	획순	一 十 扌 扑 扑		

中国语 实用 简体字

181 盤/盘	훈음	쟁반 반	응용단어	盘子 pán·zi 쟁반. 매매 가격 팁.
	부수	皿		
	발음	Pán		
	획수	11		
	획순	广疒舟舟盘		

182 礬/矾	훈음	광물이름 반	응용단어	矾石 Fán Shí 명반석.
	부수	石		
	발음	Fán		
	획수	8		
	획순	丆石石矶矾		

183 髮/发	훈음	머리 발	응용단어	发型 fàxíng 헤어스타일.
	부수	髟		
	발음	Fà		
	획수	5		
	획순	ノ 乚 ナ 发 发		

184 發/发	훈음	일으킬 발	응용단어	发端 fāduān 발단. 시작.
	부수	癶		
	발음	Fā		
	획수	5		
	획순	ノ 乚 ナ 发 发		

185 撥/拨	훈음	다스릴 발	응용단어	拨弄 bō·nong 튀기다. 튕기다.
	부수	扌		
	발음	Bō		
	획수	8		
	획순	扌扌扩拨拨		

186 訪/访	훈음	찾을 방	응용단어	访问 fǎngwèn 방문하다. 찾아보다.
	부수	言		
	발음	Fǎng		
	획수	6		
	획순	丶 讠 讠 访 访		

中国语 实用 简体字

번호	항목	내용	응용단어
187 帮帮	훈음	도울 방	帮助 bāngzhù 돕다. 원조하다.
	부수	巾	
	발음	Bāng	
	획수	9	
	획순	三丰邦帮帮	
188 煩烦	훈음	번민할 번	烦闷 fánmèn 속이 답답하다. 고민하다.
	부수	火	
	발음	Fán	
	획수	10	
	획순	丶火灯炳烦	
189 範范	훈음	법 범	范围 fànwéi ① 범위. ② 제한하다.
	부수	竹	
	발음	Fàn	
	획수	8	
	획순	一艹艼苏范	
190 邊边	훈음	가 변	边远 biānyuǎn 먼 국경지대의.
	부수	辶	
	발음	Biān	
	획수	5	
	획순	フ力'力边边	
191 變变	훈음	변할 변	变质 biàn//zhì ① 변질. ② 변질되다.
	부수	夊	
	발음	Biàn	
	획수	8	
	획순	丶亠亦亦变	
192 寶宝	훈음	보배 보	宝贝 bǎo·bèi 보배. 보물.
	부수	宀	
	발음	Bǎo	
	획수	8	
	획순	宀宀宁宝宝	

中国语 实用 简体字

193 補补	훈음: 기울 보 / 부수: 衤 / 발음: Bǔ / 획수: 7 / 획순: ⺀⺀衤衤衤补补	응용단어: 补充 bǔchōng ① 보충. ② 보완하다.

194 報报	훈음: 알릴 보 / 부수: 土 / 발음: Bào / 획수: 7 / 획순: 一十扌扌报	응용단어: 报考 bào//kǎo 시험에 응시하다.

195 僕仆	훈음: 종 복 / 부수: 亻 / 발음: Pú / 획수: 4 / 획순: ノ亻仁仆	응용단어: 仆人 púrén 하인. 고용인.

196 蔔卜	훈음: 치자꽃 복 / 부수: 艹 / 발음: Bǒ / 획수: 2 / 획순: 丨卜	응용단어: 萝卜 Luó Bǒ 무.

197 復复	훈음: 회복할 복 / 부수: 彳 / 발음: Fù / 획수: 9 / 획순: ⺈⺈⺈⺈复复	응용단어: 复古 fùgǔ 복고하다. 옛것으로 되돌아가다.

198 鳳凤	훈음: 봉새 봉 / 부수: 几 / 발음: Fèng / 획수: 4 / 획순: ノ几凤凤	응용단어: 凤凰 fènghuáng 봉황.

中国语 实用 简体字

199	훈음	부고 부	응용단어	讣告 fùgào ① 사망통지. ② 부고하다.
訃 讣	부수	言		
	발음	Fù		
	획수	4		
	획순	丶 讠 讣 讣		

200	훈음	살갗 부	응용단어	肤浅 fūqiǎn ① 천박하다. ② 생각이 얕다
膚 肤	부수	虍		
	발음	Fū		
	획수	8		
	획순	) 几 月 肝 肤		

201	훈음	지어미 부	응용단어	妇产科 fùchǎnkē 산부인과.
婦 妇	부수	女		
	발음	Fù		
	획수	6		
	획순	く 纟 女 妇 妇 妇		

202	훈음	질 부	응용단어	负债 fùzhài ① 부채. 빚. ② 빚을 지다.
負 负	부수	贝		
	발음	Fù		
	획수	6		
	획순	丿 ク ク 仒 负 负		

203	훈음	똥 분	응용단어	粪肥 fènféi 분뇨. 똥거름.
糞 粪	부수	米		
	발음	Fèn		
	획수	12		
	획순	⺍ 米 米 米 粪		

204	훈음	무덤 분	응용단어	坟墓 fénmù 분묘. 무덤.
墳 坟	부수	土		
	발음	Fén		
	획수	7		
	획순	一 土 圹 圹 坟		

MAEILL 中国语 实用 简体字

205 奮 奋	훈음: 떨칠 분 / 부수: 大 / 발음: Fèn / 획수: 8 / 획순: 一大夲夺奋奋	응용단어: 奋战 fènzhàn 분전하다.
206 飛 飞	훈음: 날 비 / 부수: 飛 / 발음: Fēi / 획수: 3 / 획순: 乁飞飞	응용단어: 飞行 fēixíng ① 비행. ② 비행하다.
207 備 备	훈음: 갖출 비 / 부수: 亻 / 발음: Bèi / 획수: 8 / 획순: ノク夂备备	응용단어: 备注 bèizhù ① 비고란. ② 주석. 주해.
208 賓 宾	훈음: 손 빈 / 부수: 宀 / 발음: Bīn / 획수: 10 / 획순: 宀宀宁宕宾	응용단어: 宾客 bīnkè 빈객. 손님.
209 憑 凭	훈음: 기댈 빙 / 부수: 心 / 발음: Píng / 획수: 8 / 획순: 亻仁仨仠凭	응용단어: 凭证 píngzhèng 증거. 증명서.
210 絲 丝	훈음: 실 사 / 부수: 糸 / 발음: Sī / 획수: 5 / 획순: 乚乡乡乡丝	응용단어: 丝织品 sīzhīpǐn 견직물. 견사. 편직물.

中国语 实用 简体字

번호	훈음	부수	발음	획수	획순	응용단어
211 師/师	스승 사	丨	Shī	6	丨丿丿㇉师师	师父 shī·fu ① 사부. 스승. ② 도사에 대한 존칭.
212 寫/写	베낄,그릴 사	宀	Xiě	5	冖冖写写	写真 xiězhēn ① 초상화. ② 모습을 그리다.
213 捨/舍	버릴 사	扌	Shě	8	人人仒仐舍舍	舍弃 shěqì 내버리다. 포기하다.
214 詞/词	말 사	言	Cí	7	讠讠㇂词词词	词语 cíyǔ 단어와 구. 어휘.
215 飼/饲	먹일 사	食	Sì	8	饣㇂饣饣饲饲	饲料 sìliào 사료. 먹이
216 謝/谢	사례할 사	言	Xiè	12	讠讠讠谢谢谢	谢谢 xiè·xie 감사합니다.

中国语 实用 简体字

217	훈음	낳을 산	응용단어	产品 chǎnpǐn 생산물. 생산품.
產 产	부수	亠		
	발음	Chǎn		
	획수	6		
	획순	丶亠亡产产		

218	훈음	우산 산	응용단어	伞兵 sǎnbīng 낙하산병.
傘 伞	부수	人		
	발음	Sǎn		
	획수	6		
	획순	丿人𠆢𠆢伞		

219	훈음	죽일 살	응용단어	杀害 shāhài 죽이다. 살해하다.
殺 杀	부수	殳		
	발음	Shā		
	획수	6		
	획순	丿乂𠂉杀杀		

220	훈음	갚을 상	응용단어	偿还 chánghuán ① 변제. ② 상환하다.
償 偿	부수	亻		
	발음	Cháng		
	획수	11		
	획순	亻亻偿偿偿		

221	훈음	맛볼 상	응용단어	尝试 chángshì 시험. 경험.
嘗 尝	부수	日		
	발음	Cháng		
	획수	9		
	획순	丨丷兴尝尝		

222	훈음	잃을 상	응용단어	丧失 sàngshī 상실하다. 자유를 잃다.
喪 丧	부수	十		
	발음	Sàng		
	획수	8		
	획순	一十中丧丧		

中国语 实用 简体字

223	훈음	모양 상	응용단어	状元 zhuàng·yuán 장원. 제일인자.
狀 状	부수	爿		
	발음	Zhuàng		
	획수	7		
	획순	丨丬丬状状		

224	훈음	다칠 상	응용단어	伤风 shāng∥fēng 감기에 걸리다.
傷 伤	부수	亻		
	발음	Shāng		
	획수	6		
	획순	亻亻亻伤伤		

225	훈음	탐낼 색	응용단어	啬刻 sè·ke 인색하다.
嗇 啬	부수	十		
	발음	Sè		
	획수	11		
	획순	一十丰青啬		

226	훈음	글 서	응용단어	书信 shūxìn 서신. 편지. 서신왕래.
書 书	부수	聿		
	발음	Shū		
	획수	4		
	획순	乛乛书书		

227	훈음	풀 석	응용단어	释放 shìfàng 석방하다. 방출하다.
釋 释	부수	采		
	발음	Shì		
	획수	12		
	획순	ノ丷米䆁释		

228	훈음	선택 선	응용단어	选举 xuǎnjǔ ① 선거. ② 선출하다.
選 选	부수	辶		
	발음	Xuǎn		
	획수	9		
	획순	丿凵告诰造		

中国语 实用 简体字

번호	항목	내용	응용단어
229 設/设	훈음: 베풀 설 부수: 言 발음: Shè 획수: 6 획순: 讠 讠 沪 讱 设 设		设置 shèzhì 설치하다. 장치하다.
230 閃/闪	훈음: 엿볼,번득일 섬 부수: 門 발음: Shǎn 획수: 5 획순: 丨 冂 冂 闪 闪		闪现 shǎnxiàn 갑자기 나타나다.
231 纖/纤	훈음: 가늘 섬 부수: 糸 발음: Xiān 획수: 6 획순: 乡 纟 纟 纤 纤		纤细 xiānxì 섬세하다. 매우 가늘다.
232 攝/摄	훈음: 당길 섭 부수: 扌 발음: Shè 획수: 13 획순: 扌 扌 扌 摄 摄		摄取 shèqǔ 섭취하다. 흡수하다.
233 聖/圣	훈음: 성인 성 부수: 耳 발음: Shèng 획수: 5 획순: 乛 又 圣 圣 圣		圣贤 shèngxián 성현. 성현과 현자.
234 聲/声	훈음: 소리 성 부수: 耳 발음: Shēng 획수: 7 획순: 一 十 士 声 声		声援 shēngyuán ① 성원. ② 성원하다.

MAEILL 中国语 实用 简体字

235 勢 势	훈음	세력 세	응용단어	势头(儿) shìtóu(r) 형세. 정세.
	부수	力		
	발음	Shì		
	획수	8		
	획순	扌 扌' 执 势 势		

236 歲 岁	훈음	해, 나이 세	응용단어	岁月 suìyuè 세월.
	부수	止		
	발음	Suì		
	획수	6		
	획순	丨 屮 屶 岁 岁		

237 掃 扫	훈음	쓸 소	응용단어	扫荡 sǎodàng 소탕하다. 쓸어 없애다.
	부수	扌		
	발음	Sǎo		
	획수	6		
	획순	一 扌 打 扫 扫		

238 燒 烧	훈음	태울 소	응용단어	烧灼 shāozhuó 화상을 입다.
	부수	火		
	발음	Shāo		
	획수	10		
	획순	⺀ 火 灶 烌 烧		

239 蕭 萧	훈음	쓸쓸할 소	응용단어	萧瑟 xiāosè 경치가 스산하다.
	부수	⺾		
	발음	Xiāo		
	획수	11		
	획순	一 艹 芏 芈 萧		

240 蘇 苏	훈음	깨어날 소	응용단어	苏醒 sūxǐng 소생하다. 의식이 깨어나다.
	부수	⺾		
	발음	Sū		
	획수	7		
	획순	一 艹 芀 苏 苏		

中国语 实用 简体字

No.	훈음	부수	발음	획수	획순	응용단어
241 属 (屬/属)	무리 속	尸	Shǔ	12	一コ尸属属	属国 shǔguó 속국. 예속국가.
242 续 (續/续)	이을 속	糸	Xù	11	纟纟纩结续	延续 yánxù 지속하다. 연장하다.
243 孙 (孫/孙)	손자 손	子	Sūn	6	了子孑孖孙	孙子 sūn·zi ① 손자. ② 손자병법의 손자.
244 讼 (訟/讼)	송사할 송	言	Sòng	6	讠讠讠讼讼	诉讼 sùsòng ① 소송. ② 소송하다.
245 洒 (灑/洒)	뿌릴 쇄	氵	Sǎ	9	氵氵沂洒洒	洒泪 sǎ//lèi 눈물을 흘리다.
246 帅 (帥/帅)	장수 수	巾	Shuài	5	⎯丨リ巾帅帅	统帅 tǒngshuài ① 원수. 통솔자. ② 통솔하다.

중국어 실용 간체자 47

中国语 实用 简体字

247 竪 竖	훈음	세울 수	응용단어	竖立 shùlì 똑바로 세우다. 곧추 세우다.
	부수	立		
	발음	Shù		
	획수	9		
	획순	丨 丨丨 竖 竖 竖		

248 樹 树	훈음	나무 수	응용단어	树木 shùmù 수목. 나무.
	부수	木		
	발음	Shù		
	획수	9		
	획순	木 朳 杈 树 树		

249 雖 虽	훈음	비록 수	응용단어	虽然 suīrán 비록... 하지만.
	부수	隹		
	발음	Suī		
	획수	9		
	획순	口 吕 吕 吊 虽		

250 數 数	훈음	셈 수	응용단어	数量 shùliàng 수량. 수효.
	부수	攵		
	발음	Shù		
	획수	13		
	획순	丷 米 娄 数 数		

251 獸 兽	훈음	짐승 수	응용단어	兽性 shòuxìng 야만성. 잔인한 성정.
	부수	犬		
	발음	Shòu		
	획수	11		
	획순	丶 丷 丷 兽 兽		

252 隨 随	훈음	따를 수	응용단어	随从 suícóng 수행하다. 따라다니다.
	부수	阝		
	발음	Suí		
	획수	11		
	획순	阝 阝 阝 阵 随 随		

中国语 实用 简体字

번호	한자	훈음	부수	발음	획수	획순	응용단어
253	壽/寿	장수할 수	士	Shòu	7	一三声寿寿	寿命 shòumìng ① 수명. 목숨. ② 사용기한.
254	肅/肃	엄숙할 숙	聿	Sù	8	一二三严肃	肃清 sùqīng 숙청하다. 뿌리를 뽑다.
255	術/术	꾀 술	彳	Shù	5	一十才木术	术语 shùyǔ 전문용어.
256	習/习	익힐 습	羽	Xí	3	フヲ习	习题 xítí 연습 문제.
257	濕/湿	축축할 습	氵	Shī	12	氵氵沪湿湿	湿气 shīqì 습진·무좀 등의 피부병.
258	時/时	때 시	日	Shí	7	丨冂日时时	时期 shíqī ① 시기. ② 특정한 때.

中国语 实用 简体字

259 識识	훈음: 알 식 / 부수: 言 / 발음: Shí / 획수: 7 / 획순: 讠 议 识 识 识	응용단어: 识字 shí//zì 글자를 알다.

260 訊讯	훈음: 물을 신 / 부수: 言 / 발음: Xùn / 획수: 5 / 획순: 丶 讠 讯 讯 讯	응용단어: 通讯 tōngxùn ① 통신문. ② 통신하다.

261 實实	훈음: 열매 실 / 부수: 宀 / 발음: Shí / 획수: 8 / 획순: 宀 宀 宀 宀 实	응용단어: 实现 shíxiàn 실현하다. 달성하다.

262 尋寻	훈음: 찾을 심 / 부수: 寸 / 발음: Xún / 획수: 6 / 획순: 一 コ ヨ 寻 寻	응용단어: 寻常 xúncháng 보통이다. 예사롭다.

263 審审	훈음: 살필 심 / 부수: 宀 / 발음: Shěn / 획수: 8 / 획순: 宀 宀 宀 审 审	응용단어: 审议 shěnyì 심의하다. 심사하다.

264 雙双	훈음: 쌍 쌍 / 부수: 又 / 발음: Shuāng / 획수: 4 / 획순: ㄱ 又 双 双	응용단어: 双方 shuāngfāng 쌍방. 양쪽.

MAEILL 中国语 实用 简体字

265 兒 儿	훈음	아이 아	응용단어	儿子 ér·zi 아들.
	부수	儿	兒 兒	
	발음	Ér		
	획수	2	儿 儿	
	획순	丿儿		

266 亞 亚	훈음	버금 아	응용단어	亚热带 yàrèdài 아열대.
	부수	一	亞 亞	
	발음	Yà		
	획수	6	亚 亚	
	획순	一丁丌亚亚		

267 訝 讶	훈음	놀랄 아	응용단어	惊讶 jīngyà 의아해하다. 놀라다.
	부수	言	訝 訝	
	발음	Yà		
	획수	6	讶 讶	
	획순	讠讠讠讠讠讠		

268 顔 颜	훈음	얼굴 안	응용단어	颜色 yánsè ①색. 색채. ②안색. 얼굴빛.
	부수	頁	顔 顔	
	발음	Yán		
	획수	15	颜 颜	
	획순	立产彦颜颜		

269 軋 轧	훈음	삐걱거릴 알	응용단어	轧轹 gálì ①수레바퀴의 삐꺽. ②불화.
	부수	車	軋 軋	
	발음	Zhá		
	획수	5	轧 轧	
	획순	一七车车轧		

270 壓 压	훈음	누를 압	응용단어	压制 yāzhì 억누르다. 억압하다.
	부수	厂	壓 壓	
	발음	Yā		
	획수	6	压 压	
	획순	一厂厂压压		

MAEILL 中国语 实用 简体字

271	훈음	악할 악,오	응용단어	恶毒 èdú 악독하다. 악랄하다.
惡	부수	心		
	발음	è, wù		
恶	획수	10		
	획순	一 丁 疋 恶 恶		

272	훈음	사랑 애	응용단어	爱惜 àixī 소중히 여기다.
愛	부수	心		
	발음	Ài		
爱	획수	10		
	획순	ノ ∞ ⺍ 乎 爱		

273	훈음	이마 액	응용단어	额定 édìng 정액의.
額	부수	頁		
	발음	è		
额	획수	15		
	획순	广 夕 客 额 额		

274	훈음	아비 야	응용단어	爷爷 yé·ye 조부. 할아버지.
爺	부수	父		
	발음	Yé		
爷	획수	6		
	획순	八 夕 父 爷 爷		

275	훈음	뛸 약	응용단어	跃跃欲试 yuè yuè yù shì 해 보고 싶어 안달하다.
躍	부수	足		
	발음	Yuè		
跃	획수	11		
	획순	口 甲 趴 跃 跃		

276	훈음	약 약	응용단어	药物 yàowù 약물. 약품.
藥	부수	艹		
	발음	Yào		
药	획수	9		
	획순	一 艹 苭 药 药		

中国语 实用 简体字

번호	훈음	부수	발음	획수	획순	응용단어
277 讓/让	사양할 양	言	Ràng	5	丶 讠 ㇐ 讠 让	让步 ràng//bù 양보하다.
278 揚/扬	오를 양	扌	Yáng	6	一 扌 扌 扚 扬	扬名 yáng//míng 이름을 날리다.
279 養/养	기를 양	食	Yǎng	9	⸍ 丷 兰 羊 美 养	饲养 sìyǎng 사육하다.
280 釀/酿	빚을 양	酉	Niàng	14	丆 酉 酉 酉彐 酿 酿	酿酒 niàng//jiǔ 술을 빚다.
281 樣/样	모양 양	木	Yàng	10	一 十 木 栏 样	样品 yàngpǐn 견본품. 샘플.
282 楊/杨	버들 양	木	Yáng	7	木 朾 朸 杨 杨	杨树 yángshù 백양나무. 사시나무.

中国语 实用 简体字

283 陽/阳	훈음	양기,볕 양	응용단어	阳伞 yángsǎn 양산. 파라솔.
	부수	阝		
	발음	Yáng		
	획수	6		
	획순	了 阝 阳 阴 阳		

284 禦/御	훈음	막을 어	응용단어	御用 yùyòng 황제가 쓰는 것.
	부수	示		
	발음	Yù		
	획수	12		
	획순	彳 竹 竹 御 御		

285 臆/肊	훈음	가슴 억	응용단어	肊测 Yì Cè ① 억측. ② 억측하다.
	부수	月		
	발음	Yì		
	획수	5		
	획순	丨 刀 月 月 肊		

286 憶/忆	훈음	기억할 억	응용단어	回忆 huíyì ① 추억. 회상. ② 회상하다.
	부수	忄		
	발음	Yì		
	획수	4		
	획순	丶 丶 忄 忆		

287 億/亿	훈음	억 억	응용단어	亿万 yìwàn ① 억만의. ② 무수한.
	부수	亻		
	발음	Yì		
	획수	3		
	획순	丿 亻 亿		

288 業/业	훈음	업 업	응용단어	业务 yè·wù 업무. 실무.
	부수	木		
	발음	Yè		
	획수	5		
	획순	丨 丨 业 业 业		

MAEILL 中国语 实用 简体字

#	훈음	부수	발음	획수	획순	응용단어
289 與 与	줄 여	八	Yǔ	3	一与与	与会 yùhuì 회의에 참석하다.
290 譯 译	번역할 역	言	Yì	7	讠订议语译	译员 yìyuán 통역사.
291 煙 烟	연기 연	火	Yān	10	丷 灯 灯 炯 烟	烟火 yān·huo 불꽃. 꽃불.
292 熱 热	더울 열	灬	Rè	10	扌 扌丨 执 执 热	热爱 rè ài 열애하다. 매우 사랑하다.
293 厭 厌	싫어할 염	厂	Yàn	6	一厂厂厌厌	厌恶 yànwù 혐오하다. 싫어하다.
294 鹽 盐	소금 염	皿	Yán	10	一 土 卦 卦 盐	盐田 yántián 염전.

중국어 실용 간체자 55

中国语 实用 简体字

295 葉叶	훈음	잎 엽	응용단어	叶子 yè·zi ① 잎. 잎사귀. ② 트럼프.
	부수	艹		
	발음	Yè		
	획수	5		
	획순	丨口口叶叶		

296 榮荣	훈음	성할 영	응용단어	荣誉 róngyù 영예. 명예.
	부수	木		
	발음	Róng		
	획수	9		
	획순	一艹艹苎荣		

297 藝艺	훈음	재주 예	응용단어	艺人 yìrén ① 연예인. 예술인. ② 수공예가.
	부수	艹		
	발음	Yì		
	획수	4		
	획순	一艹艹艺		

298 譽誉	훈음	명예 예	응용단어	毁誉 huǐyù 비방과 칭찬. 명예를 훼손하다.
	부수	言		
	발음	Yù		
	획수	13		
	획순	丶丷㕣誉誉		

299 誤误	훈음	잘못할 오	응용단어	误诊 wùzhěn 오진하다. 치료할 때를 놓치다.
	부수	言		
	발음	Wù		
	획수	9		
	획순	讠讠讵讵误		

300 襖袄	훈음	저고리 오	응용단어	袄领 Ǎo Lǐng 저고리깃.
	부수	衤		
	발음	Ǎo		
	획수	9		
	획순	丶冫衤衤袄		

中国语 实用 简体字

301	훈음	까마귀 오	응용단어	乌鸦 wūyā 까마귀.
烏 / 乌	부수	灬		
	발음	Wū		
	획수	4		
	획순	ノ ク 乌 乌		

302	훈음	안온할 온	응용단어	稳固 wěngù 튼튼하다. 안정시키다.
穩 / 稳	부수	禾		
	발음	Wěn		
	획수	14		
	획순	二 禾 秆 稳 稳		

303	훈음	안을 옹	응용단어	拥挤 yōngjǐ 붐비다. 한곳으로 밀리다.
擁 / 拥	부수	扌		
	발음	Yōng		
	획수	8		
	획순	一 扌 扪 捐 拥		

304	훈음	잘못,속일 와	응용단어	讹诈 ézhà 편취하다. 사취하다.
訛 / 讹	부수	言		
	발음	É		
	획수	6		
	획순	讠 讠 讠 讠 讹		

305	훈음	어지러울 요	응용단어	扰乱 rǎoluàn 어지럽히다. 혼란스럽게 하다.
擾 / 扰	부수	扌		
	발음	Rǎo		
	획수	7		
	획순	扌 扌 扌 扌 扰 扰		

306	훈음	근심 우	응용단어	忧心 yōuxīn 근심하는 마음.
憂 / 忧	부수	心		
	발음	Yōu		
	획수	7		
	획순	丶 忄 忄 忧 忧 忧		

MAEILL 中国语 实用 简体字

307 邮 邮	훈음: 역말 우	응용단어	邮资 yóuzī 우편요금.
	부수: 阝		
	발음: Yóu		
	획수: 7		
	획순: 冂 由 由 由阝邮		

308 優 优	훈음: 뛰어날 우	응용단어	优胜 yōushèng ① 우승. 승리. ② 우월하다.
	부수: 亻		
	발음: Yōu		
	획수: 6		
	획순: 丿 亻 仂 优 优		

309 運 运	훈음: 돌,운반 운	응용단어	运动会 yùndònghuì 운동회. 체육대회.
	부수: 辶		
	발음: Yùn		
	획수: 7		
	획순: 一 二 云 运 运		

310 雲 云	훈음: 구름 운	응용단어	云集 yúnjí 운집하다. 구름처럼 모여들다.
	부수: 雨		
	발음: Yún		
	획수: 4		
	획순: 一 二 云 云		

311 鬱 郁	훈음: 우거질 울	응용단어	郁积 yùjī 맺히다. 엉키다.
	부수: 鬯		
	발음: Yù		
	획수: 8		
	획순: 丿 十 冇 郁 郁		

312 遠 远	훈음: 멀 원	응용단어	远大 yuǎndà ① 원대하다. ② 멀다. 넓다.
	부수: 辶		
	발음: Yuǎn		
	획수: 7		
	획순: 一 二 元 远 远		

MAEILL 中国语 实用 简体字

313	훈음	바랄 원	응용단어	愿意 yuàn·yì 바라다. 희망하다.
願 愿	부수	頁	願 願	
	발음	Yuàn		
	획수	14	愿 愿	
	획순	一厂原愿愿		

314	훈음	클 위	응용단어	伟大 wěidà 위대하다.
偉 伟	부수	亻	偉 偉	
	발음	Wěi		
	획수	6	伟 伟	
	획순	亻亻仁伟伟		

315	훈음	어길 위	응용단어	违反 wéifǎn 위반하다. 어기다.
違 违	부수	辶	違 違	
	발음	Wéi		
	획수	7	违 违	
	획순	一二与讳违		

316	훈음	거짓 위	응용단어	伪装 wěizhuāng 가장. 위장.
僞 伪	부수	亻	僞 僞	
	발음	Wěi		
	획수	6	伪 伪	
	획순	丿亻伙伪伪		

317	훈음	가죽 위	응용단어	韦发第 Wéi Fā Dì 비발디(이탈리아바이올린연주자).
韋 韦	부수	韋	韋 韋	
	발음	Wéi		
	획수	4	韦 韦	
	획순	一二与韦		

318	훈음	막을 위	응용단어	卫兵 wèibīng 위병. 호위병.
衛 卫	부수	彳	衛 衛	
	발음	Wèi		
	획수	3	卫 卫	
	획순	マア卫		

中国语 实用 简体字

번호	훈음	부수	발음	획수	획순	응용단어
319 爲/为	할, 위할 위	爪	Wéi Wèi	4	丶 ノ 为 为	为人 wéirén 인품. 사람됨.
320 維/维	맬 유	糸	Yéi	11	丨 丬 扩 将 将	维持 wéichí 유지하다. 지탱하다.
321 陰/阴	음 기 음	阝	Yīn	6	㇇ 阝 阝 阴 阴	阴云 yīnyún 먹구름.
322 應/应	응 당 응	广	Yīng	7	亠 广 应 应 应	应诺 yìngnuò 승낙하다. 요구를 들어주다.
323 醫/医	의 원 의	酉	Yī	7	一 匚 三 乒 医	医治 yīzhì 치료하다.
324 擬/拟	헤아릴 의	扌	Nǐ	7	扌 扌 扎 拟 拟	拟议 nǐyì 기초하다. 초안을 작성하다.

中国语 实用 简体字

325 議 议	훈음	의논할 의	응용단어	议案 yì'àn 의안. 안건.
	부수	言		
	발음	Yì		
	획수	5		
	획순	丶讠议议议		

326 義 义	훈음	뜻 의	응용단어	义务 yìwù ① 의무. ② 무보수의. 봉사의.
	부수	羊		
	발음	Yì		
	획수	3		
	획순	丿乂义		

327 儀 仪	훈음	거동 의	응용단어	仪仗队 yízhàngduì 의장대.
	부수	亻		
	발음	Yí		
	획수	5		
	획순	丿亻亻仪仪		

328 貳 贰	훈음	두 이	응용단어	贰臣 èrchén 두 임금을 섬기는 신하.
	부수	弋		
	발음	Èr		
	획수	9		
	획순	二宁贡贰贰		

329 異 异	훈음	다를 이	응용단어	异议 yìyì 이의. 다른 의견.
	부수	田		
	발음	Yì		
	획수	6		
	획순	乛二巳异异		

330 爾 尔	훈음	너,그러할 이	응용단어	尔后 ěrhòu 이후. 그 후.
	부수	一		
	발음	Ěr		
	획수	5		
	획순	丿𠂉尓尔尔		

中国语 实用 简体字

331 认(認)	훈음	알 인	응용단어	认定 rèndìng 인정하다. 굳게 믿다.
	부수	言		
	발음	Rèn		
	획수	4		
	획순	丶 讠 讥 认		

332 姊	훈음	맏누이 자	응용단어	姊妹 zǐmèi ① 자매. ② 여자 친구끼리
	부수	女		
	발음	Zǐ		
	획수	7		
	획순	𠄌 𡿨 女 妒 姊		

333 蚕(蠶)	훈음	누에 잠	응용단어	蚕食 cánshí 누에가 뽕잎을 갈아 먹다.
	부수	虫		
	발음	Cán		
	획수	10		
	획순	一 二 夻 吞 蚕		

334 杂(雜)	훈음	섞일 잡	응용단어	杂志 zázhì 잡지.
	부수	隹		
	발음	Zá		
	획수	6		
	획순	丿 九 杂 卆 杂		

335 长(長)	훈음	길, 어른 장	응용단어	长处 cháng·chu 장점.
	부수	長		
	발음	Cháng, Zhǎng		
	획수	4		
	획순	丿 ᅳ 上 长 长		

336 壮(壯)	훈음	왕성할 장	응용단어	壮实 zhuàng·shi 튼튼하다. 건장하다.
	부수	爿		
	발음	Zhuàng		
	획수	6		
	획순	丨 丬 十 壮 壮		

MAEILL 中国语 实用 简体字

337	훈음	장차 장	응용단어	将军 jiāngjūn 장군. 장성.
將 将	부수	寸		
	발음	Jiāng		
	획수	9		
	획순	丨丬 扌 將 將		

338	훈음	가게 장	응용단어	庄重 zhuāngzhòng 정중하다.
莊 庄	부수	艹		
	발음	Zhuāng		
	획수	6		
	획순	一 广 庄 庄		

339	훈음	차릴 장	응용단어	装饰 zhuāngshì 장식하다. 치장하다.
裝 装	부수	衣		
	발음	Zhuāng		
	획수	12		
	획순	丨 壯 裝 裝 裝		

340	훈음	장 장	응용단어	酱油 jiàngyóu 간장.
醬 酱	부수	酉		
	발음	Jiàng		
	획수	13		
	획순	丨 丬 䒑 醬 醬		

341	훈음	오장 장	응용단어	内脏 nèizàng 내장.
臟 脏	부수	月		
	발음	Zàng		
	획수	10		
	획순	丨 冂 旷 旷 脏		

342	훈음	마당, 때 장	응용단어	场地 chǎngdì 장소. 마당.
場 场	부수	土		
	발음	Chǎng		
	획수	6		
	획순	一 土 圬 圬 场		

MAEILL 中国语 实用 简体字

번호			응용단어
343 載/载	훈음	실을 재	응용단어: 载重 zàizhòng 적재하다. 짐을 싣다.
	부수	車	
	발음	Zài	
	획수	10	
	획순	十 土 圭 載 載	
344 這/这	훈음	이 저	응용단어: 这样(儿) zhèyàng(r) 이렇게. 이와 같은.
	부수	辶	
	발음	Zhè	
	획수	7	
	획순	丶 亠 文 讠 这	
345 轉/转	훈음	구를 전	응용단어: 转达 zhuǎndá 전하다. 전달하다.
	부수	車	
	발음	Zhuǎn	
	획수	8	
	획순	一 车 轩 转 转	
346 敵/敌	훈음	원수 적	응용단어: 敌手 díshǒu ① 적수. 맞수. ② 적의 수중.
	부수	夂	
	발음	Dí	
	획수	10	
	획순	亠 千 舌 敌 敌	
347 適/适	훈음	맞을 적	응용단어: 适用 shìyòng 쓰기에 적합하다.
	부수	辶	
	발음	Shì	
	획수	9	
	획순	丿 二 千 舌 适	
348 積/积	훈음	쌓을 적	응용단어: 积聚 jījù 모으다. 축적하다.
	부수	禾	
	발음	Jī	
	획수	10	
	획순	二 千 禾 积 积	

中国语 实用 简体字

349 電/电	훈음	전 기 전	응용단어	电话 diànhuà 전화.
	부수	雨		
	발음	Diàn		
	획수	5		
	획순	一 冂 冃 日 电		

350 專/专	훈음	오로지 전	응용단어	专心 zhuān∥xīn 전념하다. 몰두하다.
	부수	寸		
	발음	Zhuān		
	획수	4		
	획순	一 二 专 专		

351 傳/传	훈음	전할, 책 전	응용단어	传票 chuánpiào ① 전표. ② 소환장. 영장.
	부수	亻		
	발음	Chuán Zhuàn		
	획수	6		
	획순	亻 仁 仨 传 传		

352 錢/钱	훈음	돈 전	응용단어	钱币 qiánbì 돈.
	부수	金		
	발음	Qián		
	획수	10		
	획순	钅 钅 钅 钱 钱		

353 纏/缠	훈음	얽을 전	응용단어	缠绕 chánrào 둘둘 감다. 얽히다. 달라붙다.
	부수	糸		
	발음	Chán		
	획수	13		
	획순	纟 纩 绅 缠 缠		

354 戰/战	훈음	싸움 전	응용단어	战犯 zhànfàn 전쟁 범죄자.
	부수	戈		
	발음	Zhàn		
	획수	9		
	획순	丨 卜 战 战 战		

中国语 实用 简体字

355	훈음	넘어질 전	응용단어	颠倒 diāndǎo 뒤바뀌다. 전도되다.
顛 颠	부수	頁		
	발음	Diān		
	획수	16		
	획순	亠直剌颠颠		

356	훈음	마디 절	응용단어	节骨眼 jiē·guyǎn 결정적인 관건. 중요한 시기.
節 节	부수	竹		
	발음	Jié		
	획수	5		
	획순	一艹芍节		

357	훈음	훔칠 절	응용단어	窃贼 qièzéi 도적. 도둑놈.
竊 窃	부수	穴		
	발음	Qiè		
	획수	9		
	획순	宀空窃窃窃		

358	훈음	점 점	응용단어	点缀 diǎn·zhuì 꾸미다. 장식하다.
點 点	부수	黑		
	발음	Diǎn		
	획수	9		
	획순	丨卜占占点		

359	훈음	표제 제	응용단어	题目 tímù ① 제목. ② 표제. 문제.
題 题	부수	頁		
	발음	Tí		
	획수	15		
	획순	日早是题题		

360	훈음	곧을 정	응용단어	贞节 zhēnjié 정절. 여자의 절개.
貞 贞	부수	貝		
	발음	Zhēn		
	획수	6		
	획순	丨卜十占贞		

中国语 实用 简体字

번호	한자	훈음	부수	발음	획수	획순	응용단어
361	訂/订	맺을 정	言	Dìng	4	丶 讠 订 订	订正 dìngzhèng 정정하다. 수정하다.
362	釘/钉	못 정	金	Dìng	7	丿 钅 钉 钉	钉子 dīng·zi 못. 장애.
363	製/制	만들 제	衣	Zhì	8	丿 匕 告 制 制	制作 zhìzuò 제작하다. 만들다.
364	際/际	사이 제	阝	Jì	7	阝 阝 阡 际	国际 guójì 국제.
365	齊/齐	가지런할 제	亠	Qí	6	亠 文 齐 齐	齐奏 qízòu 협주하다. 협연하다.
366	條/条	가지 조	亻	Tiáo	7	丿 久 条 条	条件 tiáojiàn ① 조건. ② 요구하다.

MAEILL 中国语 实用 简体字

367	훈음	새 조	응용단어	鸟枪 niǎoqiāng 조총. 엽총. 공기총.
鳥 鸟	부수	鳥		
	발음	Niǎo		
	획수	5		
	획순	丨 凢 鸟 鸟 鸟		

368	훈음	대추 조	응용단어	干枣 Gān Zǎo 말린대추.
棗 枣	부수	木		
	발음	Zǎo		
	획수	8		
	획순	一 ナ 市 束 枣		

369	훈음	조나라 조	응용단어	赵体 Zhào Tǐ 조맹부의 글씨체.
趙 赵	부수	走		
	발음	Zhào		
	획수	9		
	획순	土 キ 走 赵 赵		

370	훈음	낚을 조	응용단어	钓鱼 diào//yú 낚시하다.
釣 钓	부수	金		
	발음	Diào		
	획수	8		
	획순	ノ ㄣ 钅 钓 钓		

371	훈음	따를 종	응용단어	从中 cóngzhōng 중간에. 사이에.
從 从	부수	彳		
	발음	Cóng		
	획수	4		
	획순	ノ 人 儿 从		

372	훈음	세로 종	응용단어	纵横 zònghéng 종횡으로 교차되다.
縱 纵	부수	糸		
	발음	Zòng		
	획수	7		
	획순	纟 纠 纵 纵 纵		

中国语 实用 简体字

373	훈음	낮 주	응용단어	昼夜 zhòuyè 주야. 밤낮.
晝 昼	부수	日		
	발음	Zhòu		
	획수	9		
	획순	一コ尸尽昼		
374	훈음	법도 준	응용단어	准备 zhǔnbèi 준비하다. 대비하다.
準 准	부수	冫		
	발음	Zhǔn		
	획수	10		
	획순	冫汀汁洼准		
375	훈음	무리 중	응용단어	民众 mínzhòng 민중. 국민. 대중.
衆 众	부수	血		
	발음	Zhòng		
	획수	6		
	획순	ノ人个尒众		
376	훈음	증명할 증	응용단어	证书 zhèngshū 증명서. 증서.
證 证	부수	言		
	발음	Zhèng		
	획수	7		
	획순	讠 讠 证证证		
377	훈음	다만 지	응용단어	只是 zhǐshì 다만. 오직.
祇 只	부수	礻		
	발음	Zhǐ		
	획수	5		
	획순	丨冂口只只		
378	훈음	더딜 지	응용단어	迟滞 chízhì 지체하다. 원활하지 않다.
遲 迟	부수	辶		
	발음	Chí		
	획수	7		
	획순	一コ尸尺迟		

中国语 实用 简体字

번호	한자	훈음	부수	발음	획수	획순	응용단어
379	職 / 职	구실 직	耳	Zhí	11	一 耳 耶 耶 职	职员 zhíyuán 직원. 사무원.
380	織 / 织	짤 직	糸	Zhī	8	纟 纠 织 织 织	织布 zhī∥bù 옷감을 짜다.
381	陣 / 阵	진 진	阝	Zhèn	6	乃 阝 阢 阵 阵	阵脚 zhènjiǎo 진두. 진지의 최전방.
382	進 / 进	나아갈 진	辶	Jìn	7	二 キ 井 讲 进	进展 jìnzhǎn 진전. 발전.
383	盡 / 尽	다할 진	皿	Jìn	6	一 コ ア 尺 尽	尽力 jìn∥lì 힘을 다하다.
384	陳 / 陈	늘어놓을 진	阝	Chén	8	乃 阝 阢 阵 陈	陈腐 chénfǔ 낡아 빠지다. 케케묵다.

中国语 实用 简体字

번호	훈음	부수	발음	획수	획순	응용단어
385 诊 诊	볼 진	言	Zhěn	7	丶亠讠讠诊诊	诊脉 zhěn∥mài 진맥하다. 맥을 짚다.
386 塵 尘	티끌 진	鹿	Chén	6	丨丨小小尘尘	尘土 chéntǔ 진토. 먼지.
387 質 质	바탕 질	貝	Zhì	8	一厂厂质质	质问 zhìwèn 질문하다.
388 執 执	잡을 집	土	Zhí	6	一十才执执	执政 zhízhèng 집권하다. 정권을 잡다.
389 徵 征	부를 징	彳	Zhēng	8	彳彳彳彳征征	征兆 zhēngzhào 조짐. 징조.
390 車 车	수레 차,거	車	Chē	4	一七 卡车	车站 chēzhàn 정거장. 정류장.

중국어 실용 간체자 71

MAEILL 中国语 实用 简体字

391 錯/错	훈음	그를 착	응용단어	错误 cuòwù 잘못되다. 틀리다.
	부수	金		
	발음	Cuò		
	획수	13		
	획순			

392 燦/灿	훈음	빛날 찬	응용단어	灿烂 cànlàn 찬란하다. 눈부시다.
	부수	火		
	발음	Càn		
	획수	7		
	획순	⺀ 火 灯 灿 灿		

393 懺/忏	훈음	뉘우칠 참	응용단어	忏悔 chànhuǐ ① 참회. ② 참회하다.
	부수	忄		
	발음	Chàn		
	획수	6		
	획순	丶 丷 忄 忏 忏 忏		

394 倉/仓	훈음	곳집 창	응용단어	仓库 cāngkù 창고. 곳간.
	부수	人		
	발음	Cāng		
	획수	4		
	획순	丿 人 今 仓		

395 贊/赞	훈음	도울 찬	응용단어	赞成 zànchéng 찬성하다. 동의하다.
	부수	貝		
	발음	Zàn		
	획수	16		
	획순	亠 丷 兟 赞 赞		

396 創/创	훈음	비롯할 창	응용단어	创造 chuàngzào 창조하다. 발명하다.
	부수	刂		
	발음	Chuàng		
	획수	6		
	획순	丿 人 今 仓 创		

中国语 实用 简体字

397	훈음	푸를 창	응용단어	苍苍 cāngcāng 희끗희끗하다. 회백색이다.
蒼苍	부수	⺾		
	발음	Cāng		
	획수	7		
	획순	一 艹 艹 苓 苍		

398	훈음	창 창	응용단어	枪声 qiāngshēng 총성. 총포 소리.
槍枪	부수	木		
	발음	Qiāng		
	획수	8		
	획순	一 木 朴 枪 枪		

399	훈음	펼 창	응용단어	畅达 chàngdá 유창하다. 막힘이 없다.
暢畅	부수	日		
	발음	Chàng		
	획수	9		
	획순	口 日 申 畅 畅		

400	훈음	헛간 창	응용단어	厂商 chǎngshāng 제조업자. 공장주.
廠厂	부수	厂		
	발음	Chǎng		
	획수	2		
	획순	一 厂		

401	훈음	곳 처	응용단어	处所 chùsuǒ 곳. 장소.
處处	부수	虍		
	발음	Chǔ Chù		
	획수	5		
	획순	丿 夂 处 处		

402	훈음	하나 척	응용단어	只身 zhīshēn 단신. 홀몸.
隻只	부수	隹		
	발음	Zhī		
	획수	5		
	획순	丨 口 口 只 只		

中国语 实用 简体字

403 遷迁	훈음	옮길 천
	부수	辶
	발음	Qiān
	획수	6
	획순	一 二 千 迁 迁

응용단어: 迁居 qiānjū 이사하다. 거처를 옮기다.

404 鞦千	훈음	그네 천
	부수	革
	발음	Qiān
	획수	3
	획순	一 二 千

응용단어: 鞦千 Qiū Qiān 그네.

405 薦荐	훈음	드릴 천
	부수	艹
	발음	Jiàn
	획수	9
	획순	一 艹 艹 荐 荐

응용단어: 荐举 jiànjǔ 천거하다. 추천하다.

406 賤贱	훈음	천할 천
	부수	贝
	발음	Jiàn
	획수	9
	획순	冂 贝 贝 贱 贱

응용단어: 贱民 jiànmín 천민. 상놈

407 踐践	훈음	밟을 천
	부수	足
	발음	Jiàn
	획수	12
	획순	乛 𧾷 跂 践 践

응용단어: 践踏 jiàntà 밟다. 짓밟다.

408 聽听	훈음	들을 청
	부수	耳
	발음	Tīng
	획수	7
	획순	丨 口 叮 听 听

응용단어: 听取 tīngqǔ 듣다. 보고를 듣다.

中国语 实用 简体字

409	훈음	마루 청	응용단어	客厅 kètīng 응접실. 접대실.
廳 / 厅	부수	广		
	발음	Tīng		
	획수	4		
	획순	一厂厂厅		

410	훈음	몸 체	응용단어	体积 tǐjī 체적. 부피.
體 / 体	부수	骨		
	발음	Tǐ		
	획수	7		
	획순	亻亻什休体		

411	훈음	닿을 촉	응용단어	触目 chùmù ① 눈. ② 눈길이 닿다.
觸 / 触	부수	角		
	발음	Chù		
	획수	13		
	획순	𠂆𠂉舟舯触		

412	훈음	곁 측	응용단어	侧面(儿) cèmiàn(r) 측면. 옆면.
側 / 侧	부수	亻		
	발음	Cè		
	획수	8		
	획순	亻亻侧侧侧		

413	훈음	모을 총	응용단어	总计 zǒngjì 총계하다. 합계하다.
總 / 总	부수	糸		
	발음	Zǒng		
	획수	9		
	획순	⺌ 总总总		

414	훈음	밝을 총	응용단어	聪明 cōng·míng 귀와 눈이 맑다. 총명하다.
聰 / 聪	부수	耳		
	발음	Cōng		
	획수	15		
	획순	一丁耳聪聪		

중국어 실용 간체자 75

MAEILL 中国语 实用 简体字

415 叢/丛	훈음	모일 총	응용단어	丛生 cóngshēng 무성하다. 동시에 발생하다.
	부수	又		
	발음	Cóng		
	획수	5		
	획순	人 从 丛 丛		

416 醜/丑	훈음	추할 추	응용단어	丑闻 chǒuwén 추문. 스캔들.
	부수	酉		
	발음	Chǒu		
	획수	4		
	획순	了 刀 丑 丑		

417 皺/皱	훈음	주름 추	응용단어	皱纹(儿) zhòuwén(r) 주름살. 주름.
	부수	皮		
	발음	Zhòu		
	획수	10		
	획순	ク 夕 皱 皱 皱		

418 趨/趋	훈음	추창할 추	응용단어	趋势 qūshì 경향. 추이.
	부수	走		
	발음	Qū		
	획수	12		
	획순	キ キ 赵 趋 趋		

419 樞/枢	훈음	지도리 추	응용단어	枢纽 shūniǔ 요점. 중요한 관건.
	부수	木		
	발음	Shū		
	획수	8		
	획순	一 木 木 枢 枢		

420 蟲/虫	훈음	벌레 충	응용단어	虫害 chónghài 병충해.
	부수	虫		
	발음	Chóng		
	획수	6		
	획순	口 口 中 虫 虫		

421	훈음	찌를 충	응용단어	冲突 chōngtū ① 충돌. ② 모순되다.
衝 冲	부수	冫		
	발음	Chōng		
	획수	6		
	획순	冫冫冫冲冲		
422	훈음	겹 층	응용단어	层次 céngcì 내용의 순서. 내용의 단계.
層 层	부수	尸		
	발음	Céng		
	획수	7		
	획순	一コ尸尸层		
423	훈음	법칙,곧 칙,즉	응용단어	法则 fǎzé 법칙. 법규.
則 则	부수	刂		
	발음	Zé		
	획수	6		
	획순	丨冂冂贝则		
424	훈음	친할 친	응용단어	亲近 qīnjìn 친근하다. 가깝다.
親 亲	부수	见		
	발음	Qīn		
	획수	9		
	획순	亠立辛亲		
425	훈음	바늘 침	응용단어	针线 zhēnxiàn 바느질. 자수등의 총칭.
針 针	부수	金		
	발음	Zhēn		
	획수	7		
	획순	亻乍年钅针		
426	훈음	일컬을 칭	응용단어	称赞 chēngzàn ① 칭찬. 찬양. ② 칭찬하다.
稱 称	부수	禾		
	발음	Chēng		
	획수	10		
	획순	二千利称称		

중국어 실용 간체자 77

中国语 实用 简体字

427 嘆叹	훈음	한숨쉴 탄	응용단어	叹息 tànxī 탄식하다.
	부수	口		
	발음	Tàn		
	획수	5		
	획순	丨 冂 口 叮 叹		

428 奪夺	훈음	빼앗을 탈	응용단어	夺取 duóqǔ 탈취하다. 강탈하다.
	부수	大		
	발음	Duó		
	획수	6		
	획순	一 大 た 夯 夺 夺		

429 湯汤	훈음	끓인물 탕	응용단어	池汤 chítāng 욕조. 대중목욕탕.
	부수	氵		
	발음	Tāng		
	획수	6		
	획순	氵 氵 汋 汤 汤		

430 態态	훈음	모양 태	응용단어	态势 tàishì 태세. 형세.
	부수	心		
	발음	Tài		
	획수	8		
	획순	一 大 太 态 态		

431 颱台	훈음	태풍 태	응용단어	台风 táifēng 태풍.
	부수	風		
	발음	Tái		
	획수	5		
	획순	乙 厶 厶 台 台		

432 擇择	훈음	가릴 택	응용단어	择偶 zé ǒu 배우자를 고르다.
	부수	扌		
	발음	Zé		
	획수	8		
	획순	扌 护 扌 择 择		

中国语 实用 简体字

433	훈음	칠 토	응용단어	讨论 tǎolùn 토론하다. 의논하다.
討 讨	부수	言		
	발음	Tǎo		
	획수	5		
	획순	丶 讠 计 讨 讨		

434	훈음	싸울 투	응용단어	斗争 dòuzhēng 투쟁. 투쟁하다.
鬥 斗	부수	鬥		
	발음	Dòu		
	획수	4		
	획순	丶 丶 二 斗		

435	훈음	엿볼 틈	응용단어	闯祸 chuǎng//huò 사고를 일으키다.
闖 闯	부수	門		
	발음	Chuǎng		
	획수	6		
	획순	丶 丬 门 闩 闯		

436	훈음	열 파	응용단어	摆脱 bǎituō 빠져나오다. 벗어나다.
擺 摆	부수	扌		
	발음	Bǎi		
	획수	13		
	획순	扌 扌 扌 摆 摆		

437	훈음	힘쓸 판	응용단어	办事 bàn//shì 일을 처리하다. 사무를 보다.
辦 办	부수	辛		
	발음	Bàn		
	획수	4		
	획순	丁 力 办 办		

438	훈음	조개 패	응용단어	贝壳(儿) bèiké(r) 조가비.
貝 贝	부수	貝		
	발음	Bèi		
	획수	4		
	획순	丨 冂 贝 贝		

中国语 实用 简体字

439 評/评	훈음	품평할 평	응용단어	评价 píngjià 평가. 평가하다.
	부수	言		
	발음	Píng		
	획수	7		
	획순	讠 讠 讦 评 评		

440 幣/币	훈음	비단,돈 폐	응용단어	钱币 qiánbì 돈.
	부수	巾		
	발음	Bì		
	획수	4		
	획순	丿 亻 冂 币		

441 閉/闭	훈음	닫을 폐	응용단어	闭塞 bìsè 막다. 막히다. 어둡다.
	부수	門		
	발음	Bì		
	획수	6		
	획순	丨 冂 闩 闭 闭		

442 廢/废	훈음	못쓰게될 폐	응용단어	废物 fèiwù 폐품.
	부수	广		
	발음	Fèi		
	획수	8		
	획순	亠 广 庁 庆 废		

443 標/标	훈음	표 표	응용단어	标准 biāozhǔn ① 표준. 기준. ② 표준적이다.
	부수	木		
	발음	Biāo		
	획수	9		
	획순	一 木 杧 杯 标		

444 飄/飘	훈음	회오리바람 표	응용단어	飘荡 piāodàng 흩날리다. 나부끼다.
	부수	風		
	발음	Piāo		
	획수	15		
	획순	覀 覀 票 飘 飘		

445	훈음	넉넉할 풍	응용단어	丰富 fēngfù 풍부하다. 많다.
豊 丰	부수	豆	豊 豊	
	발음	Fēng		
	획수	4	丰 丰	
	획순	一 二 三 丰		

446	훈음	성,도섭할 풍,빙	응용단어	冯先生 Féng Xiān Shēng 풍선생.
馮 冯	부수	冫	馮 馮	
	발음	Féng		
	획수	5	冯 冯	
	획순	冫 汋 汋 冯 冯		

447	훈음	바람 풍	응용단어	风云 fēngyún 바람과 구름.
風 风	부수	几	風 風	
	발음	Fēng		
	획수	4	风 风	
	획순	丿 几 风 风		

448	훈음	욀 풍	응용단어	讽刺 fěngcì ① 풍자. ② 풍자하다.
諷 讽	부수	言	諷 諷	
	발음	Fěng		
	획수	6	讽 讽	
	획순	讠 讥 讥 讽 讽		

449	훈음	붓 필	응용단어	笔谈 bǐtán ① 필담. 담화. ② 필담하다.
筆 笔	부수	竹	筆 筆	
	발음	Bǐ		
	획수	10	笔 笔	
	획순	𠂉 竹 竹 竺 笔		

450	훈음	마칠 필	응용단어	毕业 bì∥yè 졸업하다.
畢 毕	부수	丨	畢 畢	
	발음	Bì		
	획수	6	毕 毕	
	획순	一 比 比 毕 毕		

中国语 实用 简体字

451 蝦/虾	훈음	새우 하	응용단어	虾子 Xiā Zi 새우.
	부수	虫		
	발음	Xiā		
	획수	9		
	획순	口 中 虫 虾 虾		

452 學/学	훈음	배울 학	응용단어	学士 xuéshì 학문을 연구하는 사람. 학사.
	부수	子		
	발음	Xué		
	획수	8		
	획순	〃 〃 〃 学 学		

453 閑/闲	훈음	한가할 한	응용단어	闲工夫(儿) xiángōng·fu(r) 한가한 시간.
	부수	門		
	발음	Xián		
	획수	7		
	획순	广 门 闩 闭 闲		

454 漢/汉	훈음	한나라,사내 한	응용단어	汉字 Hànzì 한자. 중국문자.
	부수	氵		
	발음	Hàn		
	획수	5		
	획순	丶 冫 氵 汊 汉		

455 韓/韩	훈음	나라이름 한	응용단어	韩国 Hánguó 대한민국.
	부수	韋		
	발음	Hán		
	획수	12		
	획순	古 直 車 韩 韩		

456 鹹/咸	훈음	짤 함	응용단어	咸菜 Xián Cài 짠지.
	부수	鹵		
	발음	Xián		
	획수	9		
	획순	丿 厂 厅 咸 咸		

MAEILL 中国语 实用 简体字

457 鄉 乡	훈음	시골 향	응용단어	乡村 xiāngcūn 농촌. 시골.
	부수	阝		
	발음	Xiāng		
	획수	3		
	획순	ㄥ ㄠ 乡		

458 嚮 向	훈음	향할 향	응용단어	向上 xiàngshàng ① 향상. 발전. ② 향상하다.
	부수	口		
	발음	Xiàng		
	획수	6		
	획순	ノ 丨 冂 冋 向 向		

459 響 响	훈음	울릴 향	응용단어	响亮 xiǎngliàng 우렁차다.
	부수	音		
	발음	Xiǎng		
	획수	9		
	획순	口 口' 叩 响 响		

460 虛 虚	훈음	빌 허	응용단어	虚幻 xūhuàn 비현실적이다. 허황되다.
	부수	虍		
	발음	Xū		
	획수	11		
	획순	ノ 卜 ⼾ 虎 虚		

461 許 许	훈음	허락할 허	응용단어	许可 xǔkě ① 허가. ② 허락하다.
	부수	言		
	발음	Xǔ		
	획수	6		
	획순	丶 讠 讠' 许 许		

462 憲 宪	훈음	법 헌	응용단어	宪政 xiànzhèng 입헌 정치.
	부수	宀		
	발음	Xiàn		
	획수	9		
	획순	宀 宀 宁 宪 宪		

MAEILL 中国语 实用 简体字

463 獻 献	훈음	드릴 헌	응용단어	献礼 xiàn//lǐ 선물하다.
	부수	犬		
	발음	Xiàn		
	획수	13		
	획순	十 广 有 南 献		

464 險 险	훈음	험할 험	응용단어	险恶 xiǎn'è 위태롭다. 험악하다.
	부수	阝		
	발음	Xiǎn		
	획수	9		
	획순	了 阝 阶 险 险		

465 驗 验	훈음	시험 험	응용단어	验证 yànzhèng 검증하다.
	부수	馬		
	발음	Yàn		
	획수	10		
	획순	7 马 驴 验 验		

466 現 现	훈음	나타날 현	응용단어	现场 xiànchǎng 현장. 현지.
	부수	王		
	발음	Xiàn		
	획수	8		
	획순	一 T 王 玑 现		

467 縣 县	훈음	현 현	응용단어	县官 Xiàn Guān 현령.
	부수	糸		
	발음	Xiàn		
	획수	7		
	획순	1 冂 月 县 县		

468 顯 显	훈음	밝을 현	응용단어	显然 xiǎnrán 분명하다. 명백하다.
	부수	頁		
	발음	Xiǎn		
	획수	9		
	획순	冂 日 旦 昆 显		

中国语 实用 简体字

469	훈음	머리 혈	응용단어	頁码(儿) yèmǎ(r) 쪽수. 페이지. 번호.
頁 页	부수	頁		
	발음	Yè		
	획수	6		
	획순	一丆丆万页		

470	훈음	낄 협	응용단어	夹攻 jiāgōng 협공하다.
夾 夹	부수	一		
	발음	Jiā		
	획수	6		
	획순	一ㄇ艹夬夹		

471	훈음	합할 협	응용단어	协作 xiézuò 협력하다. 제휴하다.
協 协	부수	十		
	발음	Xié		
	획수	6		
	획순	一十圹协协		

472	훈음	겨드랑이 협	응용단어	威胁 wēixié 위협하다.
脅 胁	부수	月		
	발음	Xié		
	획수	8		
	획순	丿月肕胁胁		

473	훈음	이름 호	응용단어	号召 hàozhào 호소하다.
號 号	부수	口		
	발음	Hào		
	획수	5		
	획순	口口므号号		

474	훈음	지킬 호	응용단어	护持 hùchí 보호하고 유지하다.
護 护	부수	言		
	발음	Hù		
	획수	7		
	획순	一扌扩护护		

MAEILL 中国语 实用 简体字

475	훈음	큰기러기 홍	응용단어	鸿雁 hóngyàn ① 기러기. ② 크다.
鴻 鸿	부수	氵		
	발음	Hóng		
	획수	12		
	획순	氵 氵' 汃 鸿 鸿		

476	훈음	말할 화	응용단어	话题 huàtí 화제. 이야기의 주제.
話 话	부수	言		
	발음	Huà		
	획수	8		
	획순	讠 讠 汁 讧 话		

477	훈음	붉을 홍	응용단어	红火 hóng·huo 왕성하다. 번창하다.
紅 红	부수	纟		
	발음	Hóng		
	획수	6		
	획순	⺰ ⺰ 纟 红 红		

478	훈음	어지러울 홍	응용단어	内讧 Nèi Hòng ① 내분. ② 내분을 일으키다.
訌 讧	부수	言		
	발음	Hòng		
	획수	5		
	획순	` 讠 讠 讧 讧		

479	훈음	빛날 화	응용단어	华丽 huálì 화려하다. 아름답다.
華 华	부수	艹		
	발음	Huá		
	획수	6		
	획순	亻 亻 化 华 华		

480	훈음	재앙 화	응용단어	祸害 huòhài ① 재난. 재해. ② 해치다. 훼손하다.
禍 祸	부수	礻		
	발음	Huò		
	획수	11		
	획순	丶 礻 礻 祸 祸		

中国语 实用 简体字

번호	훈음	부수	발음	획수	획순	응용단어
481 畫/画	그림,획 화,획	聿	Huà	8	一フフ丌画画	画幅 huàfú 화폭. 그림.
482 確/确	확실할 확	石	Què	12	丁 矿 硝 确 确	确定 quèdìng 확정하다. 확실히 하다.
483 擴/扩	넓힐 확	扌	Kuò	6	一 十 扌 扩 扩	扩充 kuòchōng 확충하다. 증대하다.
484 還/还	갚을,또 환,선	辶	Huán Hái	7	一 フ 不 不 还	还是 hái·shi 아직도. 여전히.
485 環/环	두를 환	王	Huán	8	一 T 环 环 环	环视 huánshì 둘러보다.
486 歡/欢	기뻐할 환	欠	Huān	6	フ 又 歺 欢 欢	欢迎 huānyíng 환영하다.

中国语 实用 简体字

487	훈음	모을 회	응용단어	会议 huìyì 회의.
會/会	부수	曰		
	발음	Huì		
	획수	6		
	획순	ノ 人 仐 会 会		

488	훈음	품을 회	응용단어	怀念 huáiniàn 그리워하다.
懷/怀	부수	忄		
	발음	Huái		
	획수	7		
	획순	′ 忄 忄 忆 怀		

489	훈음	돌 회	응용단어	回音 huíyīn ① 메아리. 반향. ② 답신. 회신.
廻/回	부수	夂		
	발음	Huí		
	획수	6		
	획순	冂 冂 囘 回 回		

490	훈음	물돌아나갈 회	응용단어	汇合 huìhé 모이다. 합류하다.
匯/汇	부수	匚		
	발음	Huì		
	획수	5		
	획순	⺀ 氵 氵 汇 汇		

491	훈음	그을 획	응용단어	划分 huàfēn 나누다. 구분하다.
劃/划	부수	刂		
	발음	Huà		
	획수	6		
	획순	一 戈 戈 划		

492	훈음	얻을 획	응용단어	获得 huòdé 획득하다. 얻다.
獲/获	부수	犭		
	발음	Huò		
	획수	10		
	획순	一 艹 荻 获 获		

中国语 实用 简体字

493	훈음	새벽 효	응용단어	晓得 xiǎo·de ① 알다. ② 누구나 다 안다.
曉 晓	부수	日		
	발음	Xiǎo		
	획수	10		
	획순	刂 旷 旷 晓 晓		
494	훈음	뒤 후	응용단어	后裔 hòuyì 후예. 자손.
後 后	부수	彳		
	발음	Hòu		
	획수	6		
	획순	ノ ノ 厂 后 后		
495	훈음	가르칠 훈	응용단어	训练 xùnliàn ① 훈련. ② 훈련하다.
訓 训	부수	言		
	발음	Xùn		
	획수	5		
	획순	丶 讠 讠 训 训		
496	훈음	꺼릴 휘	응용단어	讳言 huìyán 말하기를 꺼리다.
諱 讳	부수	言		
	발음	Huì		
	획수	6		
	획순	丶 讠 讠 讳 讳		
497	훈음	모을 휘	응용단어	汇集 huìjí 모이다. 집중하다.
彙 汇	부수	互, 彐		
	발음	Huì		
	획수	5		
	획순	丶 ミ 氵 汇 汇		
498	훈음	이지러질 휴	응용단어	亏心 kuī//xīn 양심에 부끄럽다.
虧 亏	부수	虍		
	발음	Kuī		
	획수	3		
	획순	一 二 亏		

中国语 实用 简体字

499	훈음	떠들썩한 흉	응용단어	讻讻 Xiōng Xiōng 뒤숭숭한 모양.
讻	부수	言		
	발음	Xiōng		
	획수	6		
	획순	` 讠 议 讻 讻		

500	훈음	일어날 흥	응용단어	兴盛 xīngshèng 흥성하다. 번창하다.
興	부수	八		
兴	발음	Xīng Xìng		
	획수	6		
	획순	` ` ` ⺍ 兰 兴		

501	훈음	놀이 희	응용단어	戏言 xìyán ① 농담. 익살. ② 농담하다.
戲	부수	戈		
戏	발음	Xì		
	획수	6		
	획순	7 又 ヌ 戏 戏 戏		

502	훈음	희생 희	응용단어	牺牲 Xī Shēng 희생.
犧	부수	牛		
牺	발음	Xī		
	획수	10		
	획순	⺧ 牜 牫 牺 牺		

MAEILL 나라별 간체자 익히기

韩国	韩国人	韩国语	美国	美国人	语
한 구오	한 구오 런	한 구어 위	메이 구오	메이 구오 런	위
한국	한국인	한국어	미국	미국인	(-어)

中国	中国人	汉语	日本	日本人	日语
쫑 구오	쫑 구오 런	한 위	르 번	르 번 런	르 위
중국	중국인	중국어	일본	일본인	일본어

英国	英国人	英语	法国	法国人	法语
잉 구오	잉 구오 런	잉 위	파 구오	파 구오 런	파 위
영국	영국인	영어	프랑스	프랑스인	프랑스어

제 2 편
중국간체자 단어 익히기

MAEILL 중국간체자 단어 익히기

● 계절과 요일(1)

春天	夏天	秋天	冬天	春夏天
춘 티엔	씨아 티엔	치우 티엔	똥 티엔	춘 씨아 티앤
봄	여름	가을	겨울	봄·여름

星期	这个星期	上星期	下星期
씽 치	쩌 거 씽 치	쌍 씽 치	씨아 씽 치
요일	이번주	지난주	다음주

MAEILL 중국간체자 단어 익히기

● 계절과 요일 (2)

每星期	星期天	星期一	星期二
메이 씽 치	씽 치 티엔	씽 치 이	씽 치 얼
매주	일요일	월요일	화요일

星期三	星期四	星期五	星期六
씽 치 싼	씽 치 쓰	씽 치 우	씽 치 리우
수요일	목요일	금요일	토요일

MAEILL 중국간체자 단어 익히기

● 월별 이름 익히기 (1)

月初	月底	一月	二月	三月	四月
위에 추	위에 추	이 위에	얼 위에	싼 위에	쓰 위에
월초	월말	1월	2월	3월	4월

五月	六月	七月	八月	九月	十月
우 위에	리우 위에	치 위에	빠 위에	지우 위에	스 위에
5월	6월	7월	8월	9월	10월

MAEILL 중국간체자 단어 익히기

● 월별 이름 익히기 (2)

十一月	十二月	每个月	这个月
쓰 이 위에	쓰 얼 위에	메이 거 위에	쩌 거 위에
11월	12월	매월	이번달
十一月	十二月	每个月	这个月

上个月	下个月	几月	几号	几点
쌍 거 위에	씨아 거 위에	지 위에	지 하오	지 디앤
지난날	다음날	몇월	며칠	몇시
上个月	下个月	几月	几号	几点

MAEILL 중국간체자 단어 익히기

● 일별 이름 익히기 (1)

一天	二天	三天	四天	五天	六天
이 티앤	얼 티앤	싼 티앤	쓰 티앤	우 티앤	리우 티앤
1일	2일	3일	4일	5일	6일

七天	八天	九天	十天	今天	几号
치 티앤	빠 티앤	지우 티앤	스 티앤	찐 티앤	지 하오
7일	8일	9일	10일	오늘	며칠

MAEILL 중국간체자 단어 익히기

● 일별 이름 익히기 (2)

十一天	十三天	十五天	二十天
스 이 티앤	스 싼 티앤	스 우 티앤	얼 스 티앤
11일	12일	매일	20일

二十五天	三十一天	三天以后
얼 스 우 티앤	싼 스 이 티앤	싼 티앤 이 호우
25일	31일	3일 이후

MAEILL 중국간체자 단어 익히기

● 시·분 익히기 (1)

一点五分	两点十分	三点一刻
이 디앤 우 펀	리앙 디앤 스 펀	싼 디앤 이 커
1시 5분	2시 10분	3시 15분

一个小时	两个小时	三个小时
이 거 시아오 스	리앙 거 시아오 스	싼 거 시아오 스
1시간	2시간	3시간

MAEILL 중국간체자 단어 익히기

● 시·분 익히기 (2)

四点二分	五点七分	六点十分
쓰 디앤 얼 편	우 디앤 치 펀	리우 디앤 스 펀
4시 2분	5시 7분	6시 10분

四个小时	五个小时	六个小时
쓰 거 시아오 스	우 거 시아오 스	리우 거 시아오 스
4시간	5시간	6시간

MAEILL 중국간체자 단어 익히기

● 시·분 익히기 (3)

七点二分	八点四分	九点三刻
치 디앤 얼 펀	빠 디앤 쓰 펀	지우 디앤 싼 커
7시 2분	8시 4분	9시 35분

七个小时	八个小时	九个小时
치 거 시아오 스	빠 거 시아오 스	지우 거 시아오 스
7시간	8시간	9시간

MAEILL 중국간체자 단어 익히기

시·분 익히기(4)

十点五分	十一点十分	十五分
스 디앤 우 펀	스 이 디앤 스 펀	스 우 펀
10시 5분	11시 10분	15분

十个小时	十一个小时	五十分
스 거 시아오 스	스 이 거 시아오 스	우 스 펀
10시간	11시간	50분

MAEILL 중국간체자 단어 익히기

● 숫자 익히기 (1)

一	二	两	三	四	五	六	七	八	九	十	〇
이	얼	리앙	싼	쓰	우	리우	치	빠	지우	스	링
1	2	2	3	4	5	6	7	8	9	10	0

二十	三十	四十	五十	六十	七十
얼 스	싼 스	쓰 스	우 스	리우 스	치 스
20	30	40	50	60	70

MAEILL 중국간체자 단어 익히기

숫자 익히기 (2)

八十	九十	一百	二百	三百	四百
빠 스	지우 스	이 바이	얼 바이	싼 바이	쓰 바이
80	90	100	200	300	400

五百	六百	七百	八百	九百	一千
우 바이	리우 바이	치 바이	빠 바이	지우 바이	이 치앤
500	600	700	800	900	1000

MAEILL 중국간체자 단어 익히기

● 숫자 익히기 (3)

一万	十万	一百万	一千万	一亿
이 완	스 완	이 바이 완	이 치앤 완	이 으
만	10만	100만	1천만	1억

一百〇一			一百一		二百五十六			
이 바이 링 이			이 바이 이		얼 바이 우 스 리우			
101			110		256			

MAEILL 중국간체자 단어 익히기

● 숫자 익히기 (4)

別的几个	一共几个	一共几张
비에 더 지 거	이 꽁 지 거	이 꽁 지 창
나머지 몇개	모두 몇개	모두 몇장

別的几个人	一共三十七个人
비에 더 지 거 런	이 꽁 싼 스 치 거 런
나머지 몇명	모두 37명

MAEILL 중국간체자 단어 익히기

● 순서 · 차례 익히기 (1)

第一	第一	第二	第三	第四	第五
띠 이	띠 이	띠 얼	띠 싼	띠 쓰	띠 우
첫째	처음	둘째	셋째	넷째	다섯째
第一	第一	第二	第三	第四	第五

第六	第七	第八	第九	十	下一次
띠 리우	띠 치	띠 빠	띠 지우	스	씨아 이 츠
여섯째	일곱째	여덟째	아홉째		다음(차례)
第六	第七	第八	第九	十	下一次

MAEILL 중국간체자 단어 익히기

● 순서 • 차례 익히기 (2)

红色	朱红	黄色	草绿	青色	蓝色
홍 써	쭈 홍	황 써	차오 뤼	칭 써	란 써
빨강	**주홍**	**노랑**	**초록**	**파랑**	**남색**
红色	朱红	黄色	草绿	青色	蓝色

青紫	黑白	褐色	灰色	粉红	颜色
칭 즈	헤이 바이	허 써	후이 써	펀 홍	이앤 써
보라	**흑백**	**갈색**	**회색**	**분홍**	**색상(깔)**
青紫	黑白	褐色	灰色	粉红	颜色

MAEILL 중국간체자 단어 익히기

● 일정과 시각 익히기

前天	昨天	今天	明天	后天	每天
치앤 티앤	주오 티앤	쩐 티앤	밍 티앤	호우 티앤	메이 티앤
그저께	어제	오늘	내일	모레	매일
前天	昨天	今天	明天	后天	每天

早上	中午	上午	下午	晚上	夜晚
자오 쌍	쫑 우	쌍 우	씨아 우	완 쌍	이에 완
아침	정오	오전	오후	저녁	밤
早上	中午	上午	下午	晚上	夜晚

MAEILL 중국간체자 단어 익히기

● 가족과 사람명칭 익히기 (1)

爷爷	奶奶	叔父	叔母	丈夫	太太
이에 이에	나이 나이	쑤 푸	쑤 무	짱 푸	타이 타이
할아버지	할머니	숙부	숙모	남편	아내

父母	兄弟	爸爸	妈妈	哥哥	姐姐
푸 무	슝 띠	빠 바	마 마	꺼 거	지에 지에
부모	형제	아버지	엄마	형	누나

MAEILL 중국간체자 단어 익히기

● 가족과 사람명칭 익히기 (2)

弟弟	妹妹	姐妹	侄子	儿子	女儿
띠 디	메이 메이	지에 메이	즈 즈	얼 즈	뉘 얼
남동생	여동생	자매	조카	아들	딸
弟弟	妹妹	姐妹	侄子	儿子	女儿

男人	女人	少年	少女	儿童	小孩
나 런	뉘 런	싸오 니앤	싸오 뉘	얼 통	시아오 하이
남자	여자	소년	소녀	아동	아기
男人	女人	少年	少女	儿童	小孩

MAEILL 중국간체자 단어 익히기

● 방향 이름 익히기

東方	西方	南方	北方	这边	那边
똥 팡	씨 빵	난 팡	베이 팡	쩌 삐앤	나 삐앤
동쪽(동방)	서쪽(서부)	남쪽(남방)	북쪽(북부)	이쪽	저쪽

前边	后边	左边	右边	里边	外边
치앤 삐앤	호우 삐앤	주오 삐앤	요우 삐앤	리 삐앤	와이 삐앤
앞쪽	뒷쪽	왼쪽	오른쪽	안쪽	바깥쪽

MAEILL 중국간체자 단어 익히기

● 식당과 요리에 관한 이름 익히기 (1)

餐厅	吃饭	点菜	早餐	午餐	晚餐
찬 팅	츠 판	디앤 차이	자오 찬	우 찬	완 찬
식당	식사	주문	아침식사	점심식사	저녁식사

菜单	中餐	西餐	韩餐	日餐	料理
차이 딴	쭝 찬	씨 찬	한 찬	르 찬	료우 찬
메뉴	중(국)식	양식	한(국)식	일식	요리

MAEILL 중국간체자 단어 익히기

식당과 요리에 관한 이름 익히기 (2)

米饭	面包	餐刀	餐叉	餐巾	汤匙
미 판	미앤 빠오	찬 따오	찬 차	찬 찐	탕 츠
밥	빵	나이프	포크	냅킨	수프(국)수푼

牛肉	猪肉	鸡肉	羊肉	鲜鱼	海鲜
니우 로우	쭈 로우	찌 로우	양 로우	씨앤 위	하이 씨앤
쇠고기	돼지고기	닭고기	양고기	생선	해물

MAEILL 중국간체자 단어 익히기

● 행사에 관한 이름 익히기 (1)

月中活动	年中活动	特别活动
위에 쭝 후오 똥	니앤 쭝 후오 똥	터 비에 후오 똥
월중행사	년중행사	특별행사

活动	会堂	一楼	二楼	走廊	大厅
후오 똥	후이 탕	이 로우	얼 로우	조우 랑	따 팅
행사	회장	일층	이층	복도	로비

MAEILL 중국간체자 단어 익히기

행사에 관한 이름 익히기 (2)

电梯	阶梯	安全门	入口	入出口
띠앤 티	찌에 티	안 취앤 먼	루 코우	루 추 코우
엘리베이터	층계	비상구	입구	입출구

饭店	服务台	咖啡厅	经理	客人
판 띠앤	푸 우 타이	카 페이 팅	찡 리	커 런
호텔	프론트데스크	커피숍	지배인	손님

MAEILL 중국간체자 단어 익히기

● 우편·주소 용어 익히기 (1)

韩国	韩城	名字	号码	电话	地址
한 구오	한 청	밍 쯔	하오 마	때앤 후아	띠 즈
한국	서울	성명(성함)	번호(숫자)	전화	주소(연락처)

信纸	信封	寄信人	收信人	快信
씬 즈	씬 펑	찌 씬 런	쏘우 씬 런	콰이 씬
편지지	봉투	발신인	수신인	속달

MAEILL 중국간체자 단어 익히기

우편 • 주소 용어 익히기 (2)

邮局	明信片	航空信	国际电话
요우 쥐	밍 씬 피앤	항 콩 씬	구오 찌 띠앤 후아
우체국	우편엽서	항공우편	국제전화

话务员	国家代号	手机	在这儿
후아 우 위앤	구오 찌아 따이 하오	소우 찌	짜이 쩔 —
교환원	국가번호	휴대폰	여기 있습니다

MAEILL 중국간체자 단어 익히기

● 기록의 육하원칙 익히기

什么时候	哪儿	谁是	什么	怎么
썬 머 스 허우	나 알	쎄이 쓰	썬 머	전 머
언제	어디서	누가	무엇을	어떻게
什么时候	哪儿	谁是	什么	怎么

为什么	谁某	谁个	谁边	记录人
워이 썬 머	쎄이 머우	쎄이 꺼	쎄이 뺀	찌 루 런
왜	누구(아무개)	누구(어떤사람)	어느 곳(쪽)	기록인
为什么	谁某	谁个	谁边	记录人

MAEILL 중국간체자 단어 익히기

● 이것, 저것과 이곳, 저곳 익히기

留言	只是	这儿	那儿	那里	哪里
리우 이앤	쯔 쓰	쩔 ―	나 알	나 리	나 리
메모	단지	여기	저기	그곳(거기)	어디
留言	只是	这儿	那儿	那里	哪里

这个	那个	那么	一下	这样	那样
쩌 거	나 거	나 머	이 씨아	쩌 양	나 양
이것	저것	그렇게(그렇다면)	잠시	이렇게	저렇게(그렇게)
这个	那个	那么	一下	这样	那样

MAEILL 중국간체자 단어 익히기

● 학교에 관한 이름 익히기

求学	学校	学生	教员	校长	教室
츄 쒜	쒜 쏘우	쒜 썽	쪼우 웬	쏘우 창	쪼우 쓰
탐구하다	학교	학생	선생님	교장	교실

教科书	体育场	先生	方式	求人
쪼우 커 쑤	티 위 창	쌘 썽	팡 쓰	츄 런
교과서	운동장(체육장)	일반남자호칭	방식(방법)	부탁(사정)하다

제 3 편
중국어 회화·문장 익히기

MAEILL 중국어 회화·문장 익히기

● 인사에 관한 회화 (1)

你早.	你好吗?	晚安.	再见.
니 쪼우	니 하우 마	완 안	짜이 쨴
안녕하세요(아침인사)	안녕하세요(일과중)	안녕하세요(저녁인사)	또 뵙겠습니다.

您好?	初次见面.	很高兴.
닌 하우	추 츠 쨴 미앤	헌 까오 씽
안녕하십니까?	처음 뵙겠습니다.	반갑습니다.

MAEILL 중국어 회화·문장 익히기

● 인사에 관한 회화 (2)

很高兴
헌 까오 씽
반갑습니다.

初次见面, 很高兴
추 츠 쨴 미앤   헌 까오 씽
처음 뵙게되어   반갑습니다.

见到你
쨴 따오 니
만나서

见到你, 很高兴.
쨴 따오 니   헌 까오 씽
만나서   반갑습니다.

MAEILL 중국어 회화·문장 익히기

● 인사에 관한 회화 (3)

谢谢.	我也见到你, 很高兴.
씨에 씨에	워 이에 쨴 따오 니 헌 까오 씽
감사합니다.	저도 뵙게되어(만나서) 반갑습니다.

我叫金英洙	我是从韩国来的.
워 짜이오 김 영 수	워 쓰 총 한 구오 라이 더
저는 김영수라고 합니다	저는 한국에서 왔습니다.

MAEILL 중국어 회화·문장 익히기

● 인사에 관한 회화 (4)

过得怎么样?	我是很好.	我也.
꾸오 더 전 머 양	워 쓰 헌 하오.	워 이에.
어떻게 지내십니까?	나는 잘 있습니다.	나도 ~.

谢谢.	非常感谢.	实在感谢.
씨에 씨에	페이 창 간 씨에	쓰 짜이 간 씨에
감사합니다.	정말 감사합니다.	진정(참) 고맙습니다.

MAEILL 중국어 회화·문장 익히기

● 인사에 관한 회화 (5)

你身体好吗?
니 썬 티 하우 마
건강하십니까?

嗯, 挺好.
언 팅 호우
네, 건강하십니다.

怎么样?
전 머 양
(~이) 어떻습니까?

今天天气怎么样?
찐 티앤 티앤 치 전 머 양
오늘 날씨는 어떻습니까?

MAEILL 중국어 회화·문장 익히기

● 인사에 관한 회화 (6)

天气热.	天气暖和.	天气很冷.
티앤 치 러	티앤 치 누안 후오	티앤 치 헌 렁
날씨가 덥군요.	날씨가 따뜻합니다.	날씨가 무척 춥군요.

刮风.	甚为刮风.	好象下雨.
꾸아 펑	썬 웨이 꾸아 펑	하오 씨앙 씨아 위
바람이 붑니다.	심하게 바람이 붑니다.	비가 올것 같습니다

MAEILL 중국어 회화·문장 익히기

● 시간과 날짜에 관한 회화 (1)

现在几点?	六点半.	六点十分.
씨앤 짜이 지 디앤	리우 디앤 빤	리우 디앤 스 펀
지금 몇 시입니까?	여섯 시 반입니다.	여섯 시 십분입니다.

今天星期几?	今天星期五.
찐 티앤 씽 치 지	찐 티앤 씽 치 우
오늘 무슨 요일입니까?	오늘은 금요일입니다

MAEILL 중국어 회화·문장 익히기

● 시간과 날짜에 관한 회화 (2)

今天几号?
찐 티앤 지 하오
오늘 몇칠 입니까?

今天六月二十天.
찐 티앤 리우 위에 얼 치 티앤
오늘은 6월 30일 입니다.

要什么?
야오 선 머
무엇을 도와 드릴까요?

请给我帮忙吧.
칭 게이 워 빵 망 바
저를 좀 도와 주세요.

当然.
땅 란
물론이죠.

MAEILL 중국어 회화·문장 익히기

● 도움 청할때 회화 (1)

麻烦您,	请问一下.	可以.	请讲.
마 판 닌	칭 원 이 씨아	커 이	칭 지양
실례합니다만,	말씀 좀 여쭙겠습니다.	좋습니다.	말씀하세요.

迷路了.	我地图上在哪儿?
미 루 러	워 띠 투 상 짜이 나 알
길을 잃었어요.	지도상으로 제가 어디쯤 있나요.

MAEILL 중국어 회화·문장 익히기

● 도움 청할때 회화 (2)

说什么?	什么?	请再说一下.
쑤오 선 머	선 머	칭 짜오 쑤오 이 씨아
뭐라고 그러셨어요?	뭐라고요?	다시 한번 말씀해 주세요.

请大声说.	请在这儿写一写.
칭 따 성 쑤오	칭 짜이 쩔 — 시에 이 시에
좀 크게 말씀해 주세요.	여기에 좀 써주십시오.

MAEILL 중국어 회화·문장 익히기

● 겸양에 관한 회화

对不起.	不客气.	哪儿的话.
뚜이 부 치	부 커 치	나 알 더 후아
죄송(실례)합니다.	천만에요.	천만에요.

谢谢您的照顾.	非常感谢.
씨에 씨에 닌 더 짜오 꾸	페이 창 간 씨에
보살펴 주셔서 감사합니다.	정말 고맙습니다.

MAEILL 중국어 회화·문장 익히기

● 가격 절충할 때의 회화 (1)

价格	多少钱?	这个多少钱?
찌아 거	뚜오 사오 치앤	쩌 거 뚜오 사오 치앤
가격	(값이) 얼마입니까?	이것은 (값이) 얼마입니까?

一个多少钱?	这个一共多少钱?
이 거 뚜오 사오 치앤	쩌 거 이 꽁 뚜오 사오 치앤
(이것)1개(가격)는 얼마입니까?	이것 모두 (가격이) 얼마입니까?

MAEILL 중국어 회화・문장 익히기

● 가격 절충할 때의 회화 (2)

一个十块美元.	这里是不二价.
이 거 스 콰이 메이 위엔	쩌 리 쓰 부 얼 찌아
1개당 10달러입니다.	여기는 정찰제입니다.

这是最便宜的价格吗？	太贵.
쩌 쓰 쭈이 피앤 이 더 찌아 거 마	타이 꾸이
이것은 최저 가격입니까?	너무 비쌉니다.

MAEILL 중국어 회화·문장 익히기

● 가격 절충할 때의 회화 (3)

这个牛仔裤多少钱?
쩌 거 누우 짜이 쿠 뚜오 사오 치앤
이 청바지는 얼마입니까?

我要这个.
워 야오 쩌 거
이것으로 주세요.

是两仟伍仟元.
쓰 량 완 우 치앤 위엔
2만 5천원입니다.

两万行不行?
량 완 씽 뿌 씽
2만원에 주시면 안되겠습니까?

MAEILL 중국어 회화·문장 익히기

● 가격 절충할 때의 회화 (4)

| 太 | 贵 | 少 | 少 | 便 | 宜 | 一 | 点 | 吧. | 价 | 钱 | 贵. |

타이 꾸이 사오 사오 삐앤 이 이 땐 바 　 쨔 치앤 꾸이

너무 비쌉니다 좀 깍아 주세요. 　 값이 비쌉니다.

| 那 | 可 | 不 | 行. | 对 | 不 | 起. | 用 | 现 | 金 | 付 | 钱. |

나 커 뿌 씽 　 뚜이 뿌 치 　 용 씨앤 찐 푸 치앤

그렇게는 안됩니다. 　 죄송합니다. 　 현금으로 지불할께요.